LA UNIÓN *de dos* ALMAS

El diseño de Dios para el amor,
el matrimonio, el sexo y la redención

Matt Chandler

con Jared C. Wilson

PATMOS

La unión de dos almas:
El diseño de Dios para el amor, el matrimonio, el sexo y la redención

Publicado por Editorial Patmos,
Miami, FL. 33169

Publicado originalmente en inglés por David C. Cook, 4050 Lee Vance View Colorado Springs, CO 80918 con el título *The Mingling of Souls*
© 2015 por Matt Chandler y Jared C. Wilson

A menos que se indique lo contrario, las citas bíblicas se toman de la versión Reina-Valera ©1960, Sociedades Bíblicas Unidas.

Otras versiones utilizadas: NVI, LBLA, PDT.

Traducido por Roberto Cabrera
Edición: Yvette Fernández-Cortez
Adaptación de portada al español por Adrián Romano

ISBN: 978-1-58802-858-7

Categoría: Vida Cristiana / Noviazgo y Matrimonio

Impreso en Brasil | *Printed in Brazil*

Primera impresión 2018

Lauren: ¡Qué gran regalo eres para mí!
No soy sabio ni lo suficientemente inteligente
con las palabras para explicar adecuadamente
¡todo lo que Dios me ha dado en ti!

CONTENIDO

AGRADECIMIENTOS

La primera vez que escuché a Tommy Nelson enseñar acerca del Cantar de los Cantares fue en el año 2002. Había estado casado solo por un par de años, y devoré esos CD cual hombre sediento en el desierto. Escuché la mayoría de ellos muchas veces, y sus enseñanzas dejaron una marca indeleble en mi manera de entender este importante libro.

Desde entonces, trece años ya, he estudiado el Cantar de los Cantares las veces suficientes como para saber que la interpretación de Tommy concuerda con el consenso erudito histórico. El Cantar de los Cantares traza la relación entre una mujer y el rey Salomón desde la atracción inicial, pasando por la consumación matrimonial hasta llegar al punto donde se mantiene ardiendo la llama del romance incluso después de que se ha establecido la rutina. Aún estoy agradecido por la pasión inspiradora de Tommy por el Cantar de los Cantares; sin ella, usted probablemente no estaría sosteniendo *La unión de dos almas* en sus manos.

Además, este libro no existiría sin la cantidad incontable de hombres y mujeres de *The Village Church* que han buscado mi consejo y la sabiduría que se encuentra en las Escrituras respecto a las citas románticas, cortejo, matrimonio e intimidad. En múltiples ocasiones, he vuelto, una y otra vez, al Cantar de los Cantares al aconsejar a parejas casadas que, habiendo madurado, procuraban enfrentar el desafío de enamorarse más profunda y apasionadamente.

Por último, pero no menos importante, sin la paciencia, gracia y devoción de mi esposa, Lauren, este libro seguramente no estaría en sus manos. Su constancia a lo largo de los primeros siete años de nuestro matrimonio (que fueron extremadamente difíciles) ha dado a luz, por la gracia de Dios, a la profundidad, belleza y pasión de los últimos ocho años.

INTRODUCCIÓN

Cuando comencé a escribir este libro, *Amazon.com* tenía en su lista de ventas 151,000 libros sobre el matrimonio; 27,000 libros sobre citas románticas; casi 12,000 libros acerca de la atracción y más de 190,000 libros sobre sexo. En la página que listaba los libros acerca del matrimonio, los «enlaces patrocinados» sugerían páginas con temas como «divorcio agresivo», y «ayuda de divorcio para mujeres», entre otras. Claramente, estamos en una cultura obsesionada simultáneamente con las relaciones y el sexo, pero disfuncional en su manera de abordarlos.

En la iglesia que pastoreo, soy bombardeado continuamente con preguntas acerca de cómo deben funcionar las citas románticas, y pasamos miles de horas al año en consejería prematrimonial y matrimonial. Aunque parece haber un profundo deseo de abordar las citas románticas, el matrimonio y el sexo en una forma que agrade a Dios, aun así, parece haber una profunda carencia de sabiduría y conocimiento práctico al respecto. Por un lado, hay una brecha considerable entre nuestra comprensión del evangelio y nuestro conocimiento de las Escrituras; nuestra aplicación de ese conocimiento. La cantidad creciente de confusión, corazones rotos y temor que he atestiguado en *The Village Church* respecto a las relaciones románticas y el sexo es mi motivación principal para escribir este libro.

Pero no es suficiente replantear continuamente los problemas. La cultura cristiana no carece de una consternación bien intencionada en las áreas de la moralidad sexual, y el mundo incrédulo tampoco está necesariamente confundido en cuanto a la postura de la iglesia en estas áreas. Tampoco es suficiente el ofrecer simplemente ayuda práctica en los temas de la comunicación, romance y sexualidad. La ayuda práctica es, digamos, útil, y quiero compartir con usted un poco de sabiduría en esas áreas. Sin embargo, los pasos prácticos, sin las motivaciones y el carácter correctos están limitados. Cualquier tratamiento verdaderamente bíblico de estos temas debe ser más profundo que una simple aplicación externa. El Espíritu Santo se dedica primero a nuestra transformación interior. Y la buena noticia es que Dios está comprometido con esta obra.

Sí, hay buenas noticias en medio de toda la confusión que rodea al romance, el matrimonio y el sexo. Y, en realidad, se encuentra en el primer enunciado de la Biblia: «En el principio, Dios creó los cielos y la tierra».[1]

Esa simple, pero profunda oración nos da las lentes acreditadas para ver el mundo a través de ellas. El universo que usted y yo habitamos fue creado y ordenado y está soberanamente gobernado por un Dios Creador bueno. Una de las implicaciones de esta verdad es que ahora hay sabiduría entretejida en la tela misma de la vida que, de someternos a ella, hace posible la vida «en plenitud».[2]

Pero la sumisión a esta sabiduría no es fácil. Ya en el segundo capítulo de Génesis, vemos la llegada del pecado causando grandes daños en el orden creativo, envenenando cada relación terrenal, comenzando con el matrimonio de Adán y Eva. En donde a la relación entre el hombre y la mujer, originalmente de exuberancia gozosa y complementariedad, el pecado la volvió confusa, cargada de conflictos y, a veces, extremadamente dolorosa.

Esa no es la forma en que Dios diseñó el funcionamiento del mundo. Sin embargo, un error que los cristianos cometen a menudo es confundir la perversión con el diseño. Vemos todo el dolor y ansiedad que resultan de las relaciones en conflicto, particularmente en las áreas del sexo y la sexualidad, y comenzamos a tratar al sexo y al deseo como intrínsecamente malos. Pero las formas en que abusamos de una cosa no niegan el valor de ella. El mal uso no desmiente al uso correcto. De modo que cuando las Escrituras dicen que Dios recogió el polvo del suelo y formó al hombre, reconocemos que esto significa *todo* lo que es el hombre. No estoy tratando de ser vulgar, pero cuando Dios formó al hombre, le dio un pene. No fue el diablo quien lo hizo. Dios no moldeó la mayor parte del hombre y luego dejó que Satanás añadiera su toque personal. Ni Satanás entró a escondidas y alteró la buena creación de Dios.

No, pues cualquier poder que tenga el diablo, sigue sin ser creador; él solo pervierte y tuerce los buenos diseños de Dios. Dios puso el pene en el hombre, y los testículos, y llenó esos testículos de esperma. Creó todos los tejidos, algunos se expandirían, otros secretarían algo; llenó al hombre de la testosterona que impulsaría mucho de su vida. Desde el principio, esto fue idea de Dios. Luego, envió al hombre lleno de testosterona a caminar por toda la creación y a dar nombre a los animales, a ejercer la autoridad que Dios le dio. Cuando Adán terminó de hacerlo, antes de que el pecado entrara al mundo, Dios dijo: «No es bueno que el nombre esté solo; le haré ayuda idónea para él».[3]

Quiero repetirlo: Dios es el que creó y diseñó todo esto. En Génesis 2, el pecado aún no entraba al mundo, y Dios dijo que no era bueno que Adán estuviera solo. Así que lo noqueó, le extrajo una costilla y formó a la mujer. Y al formar a la mujer de manera diferente, le dio senos más grandes, caderas más redondas y una vagina. Llenó a la mujer con una hormona diferente: estrógeno. El cuerpo de la mujer no fue idea del diablo; todo fue obra de Dios.

Cuando Adán despertó, miró a la mujer, y todo el estilo literario cambió... Él comenzó a cantar. Adán había estado poniendo nombre a los animales (camello, burro, caballo, pez) y, luego, irrumpió en una canción cuando vio a la mujer. «Esta, al fin», comenzaba su canción, como si todo el tiempo hubiera estado anhelando algún tipo de satisfacción no definida. Después de todo, no se había hallado ayuda idónea para él en el mundo animal. ¿Pero esta criatura? «¡Al fin!»

La llamó *varona*, que en el hebreo significa esencialmente «sacada de mí» o «mía». ¿Cuán profundo es eso? Después de que dio nombre a todos los animales, entonó la primera canción de amor al momento en que posó sus ojos sobre Eva. Cantó: «Mía». Esto, en sí mismo, es un anticipo de la declaración del Cantar de los Cantares: «Mi amado es mío, y yo suya».[4]

Al terminar Génesis 2, vemos el plan de Dios para las relaciones y el sexo. Dice que el hombre y la mujer «estaban ambos desnudos... y no se avergonzaban».[5] Piense por un minuto en ese versículo, especialmente en la frase «...desnudos... y no se avergonzaban». Está claro en el texto que estaban físicamente desnudos, pero también está claro que la relación que Adán y Eva tenían, la que es el buen diseño de Dios para nosotros, es la de un hombre y una mujer que sirven juntos al Señor, sin nada que temer ni nada que esconder, con todo para estar contentos en Dios, incluyendo ese buen regalo del uno para el otro en el pacto del matrimonio.

Dios también ordenó al hombre y a la mujer «fructificad y multiplicaos».[6] Dios les dio el don del sexo. En el cuerpo físico, el coito no era algo que ocurriera aleatoriamente. No, esto, también, era un don de Dios. «Den fruto y multiplíquense, disfruten uno del otro».

El sexo y las familias que este produce son parte de la bendición de Dios. Desde la atracción inicial hasta el pacto del matrimonio que autoriza el sexo, y desde la emoción del cortejo hasta el placer de la consumación del lecho matrimonial, Dios lo diseñó, lo ordenó y lo bendijo todo.

Es imperativo que comprenda este punto importante antes de que avancemos mucho en este libro. Es necesario, para la comprensión de todo lo que Dios ha hecho, que sepa que Dios *intencionalmente* hizo el universo de una forma que le trae gran gloria y nos da gran gozo.

El buen diseño de Dios en lo que respecta al género, las relaciones y el sexo es para que todas estas cosas funcionen rítmicamente juntas, en tal forma que hombre y mujer experimenten la cantidad más profunda de gozo posible mientras que, a la vez, glorifican a Dios al nivel más alto posible. El anhelo en el corazón de una persona soltera por una esposa o esposo tiene su raíz en la gloria de Dios.

¿No sería bueno que todavía funcionara, así como lo hizo en Génesis? Hombres, ¡si despertaran de una siesta y ahí estuviera ella! Sin juegos, confusión o riesgo. Simplemente «la persona indicada» de pie frente a ustedes, brillando con el deleite de Dios. Mujeres, ¿se pueden imaginar una relación edificada en la transparencia y la confianza, todo para su gozo y para la gloria de Dios? Sin corazones rotos, sin manipulaciones, sin jugar con sus emociones. Simplemente sirviendo al Señor con un hombre que se deleita en Dios aún más porque usted es un regalo de Dios para él. ¡Qué dinámica tan impresionante crearía el orden relacional de Dios! Esto es lo que Adán y Eva disfrutaron. Un arrebato puro, desinhibido, armonioso y lleno de gloria el uno con el otro a través de una relación con Dios pura, desinhibida, armoniosa y llena de gloria.

¿Y qué pasó? Bueno, sucedió Génesis 3. Descubrimos ahí que el pecado entró al mundo a través de la desobediencia de Adán y de Eva, fracturando la armonía y trastocando y deshonrando el ritmo. Piense en una guitarra eléctrica que suena muy fuerte y que no está siendo tocada adecuadamente en una banda. Es discordante y distrae. Usted tiene idea de cómo *debería* tocarse la canción, pero la disonancia está opacando la belleza, la armonía. Puede ser que el guitarrista ni siquiera sepa que está tocando mal.

De manera similar, a veces perseguimos los buenos dones de Dios en maneras en las que Él no diseñó que los buscáramos, fuera de los límites de la gloria de su justicia. Podemos pensar que estamos participando en una bella canción, pero en realidad estamos contribuyendo a la desarmonía del mundo caído. Un regalo que es hermoso, bueno, perfecto y creado para nuestro gozo puede comenzar a herirnos (si no es que a matarnos) mientras tratamos de disfrutar el bien residual en eso.

Le daré algunos ejemplos.

El vino, que las Escrituras dicen que proviene del Señor y es para que la gente lo disfrute, a la larga puede dar lugar al alcoholismo cuando se persigue solo por su beneficio. El alimento, el cual proviene del Señor y es dado a la humanidad tanto para su sustento como para su disfrute, se convierte en glotonería cuando se busca egoístamente. De hecho, todo buen don que Dios nos dase convierte en un ídolo cuando lo perseguimos por su beneficio y para nuestro máximo placer y gloria. Así pasa con los buenos dones, tales como la familia y los hijos e incluso la iglesia. Y, desde luego, también sucede con los dones diseñados para proveer placer, tales como el alimento, la bebida y el sexo. Cuando el pecado entró al mundo, lo que fue hecho para dirigir a las personas a la adoración a Dios se convirtió en algo con el potencial para dañar.

El sexo es un don de Dios. Fue creado para nutrir la intimidad en el matrimonio y forjar un vínculo de almas. Desafortunadamente, el sexo en nuestra cultura se ha convertido, casi exclusivamente, en algo físico. Hemos hecho de la palabra *amor* una palabra multiusos. Es una palabra que significa todo. La gente dice que «ama» a sus hijos, pero también «aman» a sus perros. Seguramente no quieren decir lo mismo. Un marido que «ama» a su esposa, pero también «ama» a su equipo favorito de la NFL no se está refiriendo a lo mismo.

En el diccionario hebreo hay múltiples palabras para *amor*, pero una de mis favoritas es la palabra *dod*. Aunque a menudo es traducida como «amor», *dod* se refiere específicamente al amor sexual y se traduce mejor como «hacer el amor» o «caricias». Lleva el significado, como dijo Paul House, de dos almas uniéndose.[7] El plan de Dios es que un hombre y una mujer, en el vínculo del pacto matrimonial, hagan que sus almas, no solo sus cuerpos, lleguen a ser una sola.

Suena asombroso, ¿no es así? Una fusión de almas. Quiero saber cómo llegamos ahí, ¿usted no?

La fuente de esa clase de gozo y satisfacción es la misma del remedio para todo pecado. Si retrocedemos a la razón por la que nos metimos en todo este desastre, podemos unir los puntos para ver la promesa de Dios de una solución. La razón por la que luchamos en las relaciones, el matrimonio y el sexo es porque somos pecadores. Por lo tanto, el antídoto para nuestro pecado debe de ser el antídoto para nuestras luchas.

Las relaciones, el sexo y la intimidad son ideas de Dios, y aunque nuestra rebelión egoísta fracturó el buen diseño de Dios, Dios reconcilió todo consigo mismo a través de la vida, la muerte y la resurrección de su hijo, Jesucristo. ¡Eso incluye el sexo y las relaciones! Nuestro misericordioso Dios no nos ha dejado en las tinieblas.

Justo a la mitad de la Biblia, Dios inspiró cinco libros a los que tradicionalmente les hemos llamado «libros sapienciales»: Job, Salmos, Proverbios, Eclesiastés y Cantares. Estos libros de sabiduría divina nos revelan en canto, poesía y diálogo la belleza de los caminos del Señor para vivir y morir, y mucho más. Y en el quinto libro, a modo poético, el Cantar de los Cantares, observamos a una pareja atravesar la milenaria búsqueda del romance (en realidad, la búsqueda mutua) mientras luchan contra su carne por la pureza, abrazan el misericordioso pacto del matrimonio, celebran el sorprendente don del sexo y aprenden cómo envejecer juntos con dignidad. Todo mientras disienten con honorabilidad, se animan constantemente, y mantienen ardiendo la llama de un romance piadoso.

La novia y su prometido hacen todo esto en una forma que glorifica a Dios y les proporciona gran gozo y profunda intimidad. Haríamos bien en observarlos e imitarlos. Ahora bien, no creo que Cantares sea una guía cristiana para las citas románticas. No creo que en realidad exista algo así. Charles Spurgeon, el «Príncipe de los Predicadores», dijo esto acerca del Cantar de los Cantares:

> Este libro permanece como el árbol de vida en medio del huerto, y ningún hombre jamás ha sido capaz de arrancar su fruto y comer de él, sin que antes haya sido llevado por Cristo más allá de la espada del querubín, y dirigido a regocijarse en el amor que le ha librado de la muerte. El Cantar de los Cantares será comprendido solamente por los hombres cuya posición esté dentro del velo. Los adoradores que se encuentran en el atrio exterior, e incluso aquellos que solo entran hasta el atrio de los sacerdotes, creen que el Libro es muy extraño; pero los que han llegado muy cerca de Cristo pueden a menudo ver en este Cantar de los Cantares la única expresión que su amor por su Señor desea.[8]

Spurgeon estaba diciendo que únicamente aquellos que están conscientes del firme amor de Dios que se halla en Cristo pueden comprender totalmente el tipo de amor ferozmente comprometido que vemos en Cantares. De modo que, nuevamente, aunque no es una guía cristiana para las citas amorosas, el Libro deja en claro que hay una manera sabia y una insensata de acercarse al sexo opuesto. Lo que vemos en Cantares está saturado de sabiduría, y el creyente en Cristo será recordado del amor cariñoso, paciente y fiel de nuestro Salvador.

Una confesión rápida: he estado con mi esposa, Lauren, por diecisiete años. Salimos por un año, la cortejé por seis meses, estuvimos comprometidos por otros seis meses, y hemos estado casados por quince años. Desafortunadamente, Lauren y yo no seguimos bastante de lo que estamos por ver en este libro. Usted podrá pensar que eso me convierte en un hipócrita, que lo que escribí no vale ni el papel en el que fue impreso. Pero yo argumentaría que esta realidad duramente aprendida me convence más de lo que estoy escribiendo. Personalmente hemos experimentado algo del corazón roto, la confusión y la frustración, resultante de seguir la corriente de la dinámica moderna para las relaciones.

Estoy consciente de las múltiples formas en que he fallado como líder de la pareja. Sin embargo, también estoy consciente, muy claramente, de cómo el evangelio misericordioso de Dios redimió muchas de las decisiones insensatas que tomamos, y trajo una sanidad increíble a nuestro corazón. Pero oro para que usted no se atenga a eso y haga lo que quiera porque cree que Él «arreglará todo» en el futuro por medio de su gracia. La gracia no hace que el pecado sea seguro.

La gracia no pone a salvo a los *pecadores*. La gracia de Dios en Cristo Jesús, el Novio sin pecado, que entregó su vida por la iglesia con la finalidad de presentarla intachable al Padre en gran gloria, asegura a los hijos de Dios, quienes conforman esta novia, que no deben temer, como dijo Lutero, a «pecar audazmente». Lutero no estaba animándonos a andar por caminos que son contrarios a los mandamientos de Dios. En vez de eso, nos estaba recordando que independientemente de las perversiones de las que seamos culpables, la gracia de Dios cubre tal perversión, y nos anima a correr hacia Él y a no huir de Él. Podemos llegar a Jesucristo tal como somos; Él no ama una versión futura de nosotros, sino que nos ama así como estamos: heridos, caóticos, quebrantados. Y lo que aprendemos en el Cantar de los Cantares es que un matrimonio conformado según este evangelio de gracia, forjado a través de años de confianza y perdón arduamente ganados, puede ser un lugar inseguro para el pecado, pero muy seguro para los pecadores.

En un matrimonio centrado en el evangelio, cuando dos almas se unen bajo la guía del Espíritu Santo, hallamos una confirmación tras otra de que la gracia es verdadera, que la gracia es *real*, que podemos ser conocidos real, verdadera y profundamente, y al mismo tiempo, ser amados real, verdadera y profundamente.

CAPÍTULO 1

ATRACCIÓN

Si observa a los niños y niñas pequeños, desde el nacimiento hasta cerca de los dos años, rara vez están conscientes de sus diferencias. Sin embargo, ellos comienzan gradualmente a notar las singularidades que los distinguen, y para el tiempo en que van a preescolar o jardín de niños, están profundamente conscientes de que son diferentes. Por ese tiempo, los niños tienden a separarse y a juntarse con los de su mismo sexo. Ocasionalmente, se empujarán uno al otro o discutirán; pero, mayormente, la preferencia será mantenerse con los de su propio tipo.

A la mayoría de los niños les gusta luchar y trepar, así como construir y luego destruir lo que hayan construido. Por supuesto, esta conducta, es inaceptable para la mayoría de las niñas, que juegan más relacionalmente. Tengo dos hijas, y cuando ambas tenían esa edad convertían a dos objetos en amigos. Un lápiz y una cuchara conversaban y reían juntas. La amistad entre el lápiz y la cuchara no duraría mucho en el mundo de los niños, en el que la destrucción siempre es inminente. Las vísceras grisáceas del Sr. Lápiz se desparramarían, y la plateada cara del Sr. Cuchara se moriría de la risa.

A medida que los niños y las niñas crecen, comienzan a mezclarse un poco más; pero todavía permanecen predominantemente con los de su propio tipo. La primera pizca de coqueteo se disfrazará con desagrado. Cuando los niños juguetonamente comienzan a molestar a las niñas (y viceversa), es usualmente el primer momento para pensar: «¡Oigan, algo está cambiando aquí!». Molestar y hacer bromas son básicamente actitudes de cuarto grado que significan algo: «Tengo sentimientos extraños por ti, pero no sé qué hacer con ellos».

Y entonces ocurre: en algún punto entre el quinto y el noveno grado [equivalente al quinto de primaria y primero del bachillerato en Latinoamérica], dependiendo de una variedad de factores que afectan el desarrollo y la conciencia, sucede lo que me gusta llamar el «Día de la Epifanía». Hasta ese momento, el niño ha sido mayormente indiferente al sexo opuesto o, incluso, había pensado que era «asqueroso». Pero en el Día de la Epifanía algo cambia.

¿Recuerda ese día? Despertó aquella mañana para ir a la escuela, se visitó, se puso los zapatos, se colgó la mochila al hombro, vio a sus amigos, y luego, mientras caminaba hacia su grupo, lo vio o la vio, y repentinamente ya no le pareció un asco. La indiferencia y la repulsión se desvanecieron. Un miembro del sexo opuesto en particular llamó su atención de manera diferente y repentina; y, bueno… usted, en cierta forma, *quería* uno. Ese es el Día de la Epifanía.

Serví en el ministerio juvenil por una década y atestigüé de primera mano el cambio marcado entre la mayor parte de los estudiantes de sexto y noveno grado. Por ejemplo, si reúne a cien estudiantes de sexto grado por tres días, al final del tercer día el ambiente tendrá un aroma a olor corporal y colonia barata. Pero para cuando llegan al noveno grado, los chicos se duchan y se arreglan el cabello. Repentinamente, se preocupan por la clase de ropa que visten, por cómo se ven y cómo huelen. ¿Qué sucedió con aquellos niños de sexto grado y de extraño olor? El Día de la Epifanía.

Lo que antes parecía importar muy poco, ahora importa *inmensamente*. Los chicos de noveno grado se preocupan mucho ahora por lo que las chicas de noveno piensen de ellos. Pasan de querer parecer repulsivos a querer verse impresionantes, especialmente ante las chicas. El Día de la Epifanía cambia todo. Entonces, los chicos comienzan a buscar a las chicas y ellas quieren que las busquen.

Ciertamente hay excepciones a todo lo que he resumido arriba, pero en términos generales, eso del olor y de molestarlas, de galantear y buscar es la trayectoria típica al inicio de la pubertad para chicos y chicas. Algo que es importante recordar es esto: todo es gracias al buen diseño de Dios.

Atracción

La atracción es una fuerza extraña y ambigua. El *Diccionario de Psicología* define la *atracción* como «el sentimiento natural de ser atraído hacia otros individuos y desear su compañía. Eso normalmente (aunque no necesariamente), se debe a que tienen simpatía por ellos».[1] Esto es un poco vago; sin embargo, insisto, así es la atracción. Nos sentimos atraídos a la gente, sea de manera romántica o no, porque tienen «un no sé qué». Generalmente no es una sola cosa, sino una variedad de características o impresiones que nos atrae mutuamente. Hay mucha gente hermosa en el mundo, por supuesto, pero la mayoría de nosotros nos sentimos románticamente atraídos a miembros del sexo opuesto que nos parecen físicamente atractivos *y algo más*.

Sin embargo, cuando se trata de romance, hay algo físico que típicamente nos atrae hacia alguien. Cuando decimos hoy día que encontramos a alguien «atractivo», lo que normalmente queremos decir es que esa persona nos parece físicamente encantadora. Él es bien parecido o ella es bonita. Tanto para los hombres como para las mujeres, pero especialmente para los hombres, nuestra atracción inicial puede tener poco que ver con el carácter de la persona o su eficiencia; más bien, emerge simplemente de que nos gusta la forma en que se ve. Esto solamente es lógico, pues la apariencia física es lo primero que notamos; y requiere un poco más de tiempo llegar a conocer el carácter de la otra persona. De momento, miramos de un lado a otro de la habitación y notamos a alguien que es físicamente atractivo.

Debería darse por sentado, pero muchas veces no es el caso, así que lo diré: no hay nada malo en este proceso de que alguien nos atraiga físicamente. Es completamente natural. De hecho, el Cantar de los Cantares comienza de esta manera: «*¡Oh, si él me besara con besos de su boca! Porque mejores son tus amores que el vino*» (1:2). La mujer de Cantares vio a Salomón y le gustó lo que vio. Quería que él la besara, el solo mirarlo la hacía feliz. Él era lo que se dice «un placer para los ojos».

De hecho, una y otra vez la Biblia no solo describe la atracción entre los sexos, sino la *aprueba*. Desde el amor a primera vista de Adán por Eva en Génesis 2, hasta la atracción inmediata de Jacob por Raquel en Génesis 29, en donde el verso diecisiete nos dice que ella era «de lindo semblante y de hermoso parecer», no vemos que las Escrituras se opongan a la atracción física. Definitivamente, la sabiduría contenida en la Biblia acerca del diseño de Dios para el romance es más que la atracción física, pero no es menos que eso. Ni siquiera es algo que se nos aconseje dejar atrás. A medida que su amor por su cónyuge se profundiza y adquiere el carácter de un conocimiento más profundo de las debilidades, heridas y pecados de su cónyuge, la instrucción para perseguir la atracción física a lo largo de los años permanece. De esa forma, el padre aconseja a su joven hijo en Proverbios 5:19 acerca de su esposa: «*Sus caricias te satisfagan en todo tiempo, y en su amor recréate siempre*». Observe la palabra «siempre».

A casi todos, siempre nos atraerá físicamente aquello que consideramos hermoso. Nuestros gustos e intereses pueden variar, pero el instinto en sí es bastante común en los miles de millones de seres humanos en el mundo: nos atraen aquellos en quienes encontramos belleza. Belleza es esa combinación particular de cualidades que complacen especialmente a la vista. Es, como dice el dicho, "según el color del cristal con que se mire". Los hombres encuentran hermosa la figura de una mujer en particular (con curvas o delgada, según el gusto) o el estilo de su cabello o su vestido; las mujeres pueden hallar hermoso el color de ojos de un hombre (azul o café) o su físico (tonificado o fornido). Normalmente notamos estas cualidades cuando nos topamos en algún lugar, e incluso mentalmente, somos atraídos hacia la gente que nos parece «bella».

El hecho de que todos tendemos a tener gustos diferentes en lo que se refiere a la atracción física, prueba cuán creativa y versátil es en verdad la destreza de nuestro Creador. Y el hecho de que todos tendemos a hallar alguien atractivo físicamente, prueba cuán brillantemente el Creador ha integrado en nosotros la apreciación de la belleza (es decir, más profundamente, la apreciación de la *gloria*, de la cual la del Creador es el pináculo). La realidad natural *y bíblica* es que la mayoría de los seres humanos serán atraídos por el sexo opuesto. Eso es algo bueno y correcto. Sin embargo, según la misma Palabra de Dios, que aprueba la atracción física, debemos ser muy cuidadosos con esto.

Vana es la hermosura

Como ya lo he indicado, la Biblia tiene mucho que decir acerca de la belleza física. Sin embargo, no debemos esperar que la Palabra de Dios, respecto a la belleza, sea algo unidimensional como la nuestra. Aunque la realidad misma de la belleza presupone la naturaleza de la atracción, también vemos que la belleza, según la sabiduría de Dios, puede ser engañosa.

Por ejemplo, en el libro de Proverbios hay advertencias para el lector masculino acerca de ser indebidamente capturado por la belleza de una mujer. En Proverbios 6:25, leemos la advertencia: «No codicies su hermosura en tu corazón, ni ella te prenda con sus ojos». ¿Habla el Señor contradictoriamente? ¿Se supone que una mujer nos atraiga físicamente, pero a la vez no?

En cierto modo, sí. La frase clave relacionada al deseo en Proverbios 6:25, es «en tu corazón», con el contexto añadido, que resulta muy útil, de la palabra «prenda». Esto no es lo mismo que «cautivado», que puede ser algo bueno. A lo que la Biblia nos desafía constantemente es a ir más allá de las apariencias externas y a considerar sabiamente la belleza del corazón.

Otra advertencia bíblica bien conocida se halla en Proverbios 31:30: «Engañosa es la gracia, y vana la hermosura; la mujer que teme a Jehová, ésa será alabada». Que la belleza sea vana significa que puede ser superficial, que se preocupa únicamente por lo externo. Que la belleza sea engañosa significa que puede defraudarnos y hacernos pasar por alto una realidad más profunda y oscura. Podemos ser confundidos por el encanto de la belleza hasta ser presos, concretamente, por el pecado.

En la Biblia vemos el contraste de un reconocimiento cultural generalizado: el que es más atractivo físicamente, a menudo prueba ser el más engañoso espiritualmente. Podemos estar fácilmente mordiendo el anzuelo de nuestras atracciones hacia los caminos equivocados. En Mateo 23:27- 28, Jesús reprende a los fariseos por su conducta religiosa superficial:

> ¡Ay de vosotros, escribas y fariseos, hipócritas! Porque sois semejantes a sepulcros blanqueados, que por fuera, a la verdad, se muestran hermosos, mas por dentro están llenos de huesos de muertos y de toda inmundicia. Así también vosotros por fuera, a la verdad, os mostráis justos a los hombres, pero por dentro estáis llenos de hipocresía e iniquidad.

El viejo dicho de que «la belleza es solo superficial» tiene abundante verdad bíblica. Es cierto con respecto a la prostituta atractiva de Proverbios. Se cumple con respecto a la pecaminosa búsqueda de David por Betsabé. Es cierto con respecto a la relación escabrosa de Sansón y Dalila. Y definitivamente es verdad respecto a las estrategias engañosas del maligno, de quien a menudo se nos dice que se disfraza como «ángel de luz» (2 Corintios 11:14).

Claro está, esto no quiere decir que usted debe casarse con alguien que no le parezca atractivo. Solo significa que nuestro romance (la percepción de la belleza por sí sola) debe ser mucho más profundo que la atracción física. Desde luego, ya en el matrimonio, la nutrición constante de la atracción debe poder soportar los cambios que vienen con los años, afectado esto por el nacimiento de los hijos, el metabolismo más lento, el desgaste de la piel e, incluso, los estragos de las enfermedades y las dificultades. Para que el romance en el matrimonio sea en realidad una unión de almas, no puede ser simplemente una unión de partes del cuerpo. No, debemos reconocer tanto la bendición como los peligros de la belleza.

El ideal cambiante

Otra razón por la que debemos ser cuidadosos con el concepto de la atracción física es por lo arbitraria que puede ser. Los gustos varían de una persona a otra. Pero, también, varían de cultura en cultura y de edad en edad. Ciertamente, la atracción que está arraigada simplemente en el físico es determinada culturalmente y cambia dependiendo en qué parte del mundo y de la historia nos encontremos. Todos estamos sujetos al ideal cambiante de la belleza, el cual Reischer y Koo describen en detalle en su artículo «The Body Beautiful» [El cuerpo hermoso].[2]

Mi hermana y su esposo han vivido en Asia por casi ocho años. Cuando los visito, noto que el ideal de belleza es diferente al de Texas, donde yo vivo. Por ejemplo, las mujeres en Asia aparentemente desean piel clara; en las tiendas proliferan cremas y lociones que ayudan a aclarar la piel de las mujeres hasta tonos más blancos. Debo haber visto veinte comerciales de esos productos y otro ciento o más de vallas publicitarias. En el área de Dallas, sucede lo opuesto. Las mujeres anhelan los meses de verano cuando pueden recostarse junto a la piscina y absorber los rayos solares, transformando su epidermis blanca, invernal, básicamente rostizándola, hasta que su piel se asemeja a la de una diosa de bronce. Este es solo uno de los cientos de ejemplos culturales de los diferentes estándares de belleza en todo el mundo. ¿Qué cultura tiene la razón? ¿Es más hermosa la piel blanqueada o bronceada?

Cuando miramos la vasta trayectoria de la historia, el panorama cultural se vuelve aún más complejo. A lo largo de las eras, la «mujer ideal» se ha transformado una y otra vez, a veces muy dramáticamente.[3] Desde los tiempos más antiguos hasta la Edad Media, especialmente en las culturas europeas, las mujeres de piel pálida y con una figura bien formada eran consideradas excepcionalmente bellas. Cuando vemos las pinturas de mujeres hermosas de ese periodo, podemos pensar que se ven gordas y poco atractivas. Sin embargo, lo que está de moda en la cultura actual habría sido considerado enfermizo en ese entonces. A principios del siglo XX (especialmente en la década de 1920), las mujeres usaban el cabello muy corto, por encima de los hombros, y usaban vestidos para ocultar su figura. En la década de 1940, la introducción de la piel bronceada y el cabello más largo y suelto se convirtió en el estándar de belleza.

Y así continúa cambiando el estándar.

Hoy día parece haber una mezcolanza de estilos que cubren toda la gama de la historia en la definición de la «belleza». Quizá uno de los mejores ejemplos es la popular Barbie. Un investigador provee un resumen:

> Incluso nuestros juguetes pasan por «el cuchillo» en nombre de la belleza. En 1997, el juguete más famoso de Mattel, la muñeca Barbie, salió de la sala de operaciones de la fábrica con una «cintura más amplia, caderas más delgadas, y [...] una reducción de su legendaria línea del busto» (*Wall Street Journal* 1997). Esta reconfiguración del principal icono de feminidad occidental, después de casi cuarenta años, sugiere que la imagen de la feminidad personificada por la Barbie original de finales de la década de 1950 ha sido sometida una transformación radical propia. La belleza, aunque altamente subjetiva, es más que

> un simple asunto de estética o gusto. Los ideales culturales de la belleza también son un índice y una expresión de los valores y las creencias sociales, tanto que "la historia [de la sociedad] es en gran medida la historia de la belleza de la mujer" (Jury & Jury, 1986).[4]

Las feministas lamentan lo que llaman la «mirada masculina» opresiva, que ha despersonalizado la forma femenina desde el inicio de los tiempos, y no están tan equivocadas. La idea es que la belleza femenina existe para el placer masculino y es, de hecho, determinada por el placer masculino. Parece que, de generación en generación, el ideal femenino incesante, pero inestable, determinado principalmente por hombres, ha dado forma a las generaciones. ¿Puede haber alguna duda de que, especialmente en nuestra era de la publicidad, el sexo vende, y que esa comercialización de la belleza y del sexo nos ha hecho una cultura más visual y, además, más vulnerable? ¿No estamos simplemente despersonalizándonos unos a otros hasta la monotonía?

Nuestro entendimiento de la belleza con relación a los hombres no ha evolucionado de la misma manera que con relación a las mujeres. Al hacer la comparación entre el Renacimiento y la actualidad, la idea de lo que se considerado físicamente atractivo no ha cambiado tanto para los hombres. Los hombres fueron y aún son considerados atractivos generalmente por su estatura y lo ancho de sus hombros.

La lucha más reciente para los hombres es la evaluación de la «verdadera masculinidad». Existe una crisis creciente sobre el significado de la masculinidad, una crisis que apunta hacia la traición de los hombres por los ideales hipermasculinos que se espera que personifiquen. Por un lado, al salir del movimiento *hippie* de las décadas de los sesenta y setenta, se esperaba que los hombres fueran más sensibles, que estuvieran más «en contacto con su lado femenino». Luego, a finales de la década de los setenta y principios de los ochenta, pareció haber una revuelta contra esta afeminación percibida. Hubo un incremento del tipo macho, desaliñado y mal hablado, y el crecimiento de la burda cultura del «fisiculturismo».

Los ideales para el hombre han ido de un extremo a otro desde entonces, ya que los ochenta y noventa nos dejaron tanto a los sensibles rockeros *grunge* como a los chicos fiesteros, hambrientos de sexo. A partir del principio del siglo XXI, hemos visto el incremento de los «metrosexuales», los *protohipsters* [antes de que ser hípster fuera algo muy de moda], y ahora parece que estamos viendo el regreso de los machos alfa, fanfarrones, con sus cervezas y barbas. ¿Acaso es extraño que, en la lujuria vertiginosa de la averiada perspectiva masculina hacia las mujeres, nos confundiéramos sobre lo que significa ser hombre? ¿Debemos ser sensibles o duros? ¿Y si ambos, ¿cuándo? ¿Cómo mostrar sensibilidad de manera que no nos haga parecer afeminados? ¿Y cómo mostrar dureza de tal modo que no nos haga machistas u obstinados?

Esta confusión cultural de género generalizada ha complicado el presunto ideal de belleza tanto para los hombres como para las mujeres, y nos ha metido en un lío confuso.

Su verdadero yo es el que está en su interior

Hemos establecido que es casi un hecho que la fuerza que atrae nuestra atención y nos jala, cual rayo abductor, hacia las relaciones es la atracción física. Y hemos establecido que esto no es algo malo; simplemente, debemos tener mucho cuidado de no dejar que nos dirija a relaciones tóxicas e impías (o que traiga ideas tóxicas e impías a nuestras relaciones).

Recientemente, conversé con una persona que asiste a nuestra iglesia, pero que no es cristiano. Él quería discutir algunas de sus dudas acerca de lo que enseñamos y me hizo preguntas muy incisivas. Conforme a todos los indicadores físicos, él era un buen partido. Tiene 25 años aproximadamente, es soltero, bien parecido, asiste regularmente a nuestra iglesia, y es muy rico. Durante nuestra conversación, me dijo que una de las razones por las que asistía a la iglesia era porque el tipo de mujer con la que él quería casarse no se halla en los clubes que frecuenta. Quiere casarse con una chica de iglesia.

Heme ahí, sentado con un tipo que sale los fines de semana para acostarse con mujeres; luego, se levanta, se baña, y viene a nuestra iglesia a buscar una joven con quien casarse. Sentí que mi corazón se enojaba más y más a medida que hablábamos, y le informé que no podía venir de cacería a nuestra iglesia. El mundo está lleno de hombres y mujeres que tienen apariencia de ser devotos y de tener relaciones saludables; pero, por dentro, están motivados por el egoísmo, la lujuria y la necesidad de control. Por eso, la segunda línea del diálogo en el Cantar de los Cantares es tan importante. A la mujer le gustaba ver a Salomón, pero también sabía algo más: «*A más del olor de tus suaves ungüentos, tu nombre es como ungüento derramado; por eso las doncellas te aman*» (1:3). Salomón no solo era apuesto, sino que era conocido por tener un gran carácter. Era honesto y sabio; se rumoraba que era un buen hombre, un hombre *devoto*. Las otras mujeres no lo veían como un canalla. No era conocido por ser perezoso o incompetente. No había jugado con el corazón y la mente de otras mujeres. Su nombre era como ungüento derramado; en otras palabras, como una ofrenda. Cuando la gente escuchaba el nombre de Salomón, siempre «caía bien». Era agradable, fragante.

Ahora vamos a profundizar. ¿Qué de bueno tiene ante los ojos del Señor, cuya estima es lo que más importa, si nos vemos geniales, pero nuestra reputación es terrible? Únicamente una de esas cosas durará. Por lo tanto, el carácter de la persona que nos atrae debe refrenar nuestra atracción física. En Proverbios, encontramos instrucciones valiosas que el rey Lemuel recibió de su madre. Como rey, Lemuel pudo haber elegido de entre las más hermosas de la tierra. Pero el recordatorio de su madre era sabio: «*Mujer virtuosa, ¿quién la hallará? Porque su estima sobrepasa largamente a la de las piedras preciosas*» (31:10).

En esta traducción, «virtuosa» es la misma palabra usada en Ruth para describirla como una «mujer de valor».[5]

Ahora vemos cuán compleja debería ser la atracción cuando es guiada por la Palabra de Dios. La atracción física es buena, pero solo importa en lo externo; mientras que el carácter es un asunto de importancia interna y debe ser valorado tanto como las joyas.

Vemos algo similar en 1 Pedro 3:3-4. Aquí, Pedro animaba a las esposas a dar prioridad a su belleza interior por encima de la exterior, y escribió:

> Vuestro atavío no sea el externo de peinados ostentosos, de adornos de oro o de vestidos lujosos, sino el interno, el del corazón, en el incorruptible ornato de un espíritu afable y apacible, que es de grande estima delante de Dios.

Como este pasaje fue escrito directamente para las esposas, puede ser algo ambiguo con relación a las citas y a la atracción romántica inicial, y tenga en mente que cuando se escribió, la mayoría de los matrimonios eran arreglados y la atracción física no era la mayor preocupación. Sin embargo, al examinar completamente este pasaje, vemos claramente que la idea de la belleza para la esposa debía enfocarse más en lo interno. La belleza externa está bien, pero debemos hacerla a un lado y ver lo que hay en el alma de la persona, quién es él o ella en realidad, y de qué está hecho el individuo.

Hace varios años vi un programa de televisión llamado «*Caught on Camera*» [Atrapado por la cámara]. Presentaba videos de personas que eran grabadas en secreto haciendo toda clase de cosas espantosas, precisamente porque pensaban que estaban a solas. En una escena, un hombre orinó en una olla donde se preparaba el café para sus compañeros de trabajo. En otra, el cocinero de un restaurante escupió sobre una comida que estaba preparando para unos clientes. Y en otra escena, una mujer lanzó a un cachorro al otro lado de la habitación. El espectáculo era repugnante; sin embargo, revelaba mucho de lo que ocurre en el corazón y la mente de una persona que, simplemente, no se puede ver. En nuestra valiente y nueva cultura de vigilancia, capturamos el verdadero carácter de las personas siempre, cuando las «cámaras de niñera» graban el abuso de niños y ancianos, o las cámaras de seguridad filman el vandalismo y la crueldad de los empleados.

En definitiva, es cierto que la medida del carácter de un hombre es lo que haría si supiera que nunca sería descubierto. O, como dijo Bill Hybels, el carácter es «quien eres cuando nadie está mirando».[6] Todo el mundo tiene un rostro público y uno privado. Cuando comienza una amistad entre usted y un hombre apuesto o una mujer bella, necesita ver si en realidad hay una profundidad de carácter. Cuando la belleza se desvanece, ¿qué integridad quedará?

Siempre podemos ajustar nuestra apariencia exterior. Nuestra cultura ha avanzado en lo relacionado a maquillaje, estilos de peinado y productos de belleza, pero también hemos añadido cirugía cosmética, cultura de comida saludable y programas de ejercicios que rayan en el sectarismo. No todos lucimos maravillosamente, pero todos podemos vernos un poco «mejor» con un poco de esfuerzo. ¿Pero nuestro interior? Ese va a salir. No podemos esconderlo para siempre. En momentos de intimidad, de estrés, de lucha, no hay forma de maquillar una personalidad terrible. No hay cirugía cosmética para la pobreza de carácter.

Usted no puede ocultar su yo interior. Ese es el verdadero usted.

Entonces, la atracción física no substituye conocer a alguien, o de tener una relación con él o ella. Y, por eso, las relaciones construidas sobre la atracción física nunca duran y tienden a ser superficiales, egocéntricas y legalistas.

Abraham Lincoln dijo una vez: «El carácter es como un árbol, la reputación es como su sombra. La sombra es lo que pensamos de él; el árbol es lo real».[7] La primera forma en que podemos darnos cuenta si la persona que nos atrae tiene un carácter sólido, es evaluar su reputación. ¿Qué dice la gente de ella? ¿Se le conoce por su devoción? (Recuerde que asistir a la iglesia no siempre equivale a la devoción. Hay muchos chicos y chicas cristianas «fantásticos», pero mucho menos hombres y mujeres piadosos). Proverbios 22:1 dice: «De más estima es el buen nombre que las muchas riquezas». La reputación es la sombra del carácter de una persona. Si la reputación de alguien es pobre, lo más probable es que así sea su carácter.

Que la reputación sea una de las luces verdes o rojas que le acerque o aparte de la persona con la que está considerando salir.

La reputación de Salomón, la sombra de su carácter era tan famosa que la gente que observó florecer su romance en el Cantar de los Cantares lo celebró. Se complacían en él: «Nos gozaremos y alegraremos en ti; nos acordaremos de tus amores más que del vino; con razón te aman» (1:4).

¿Qué busca en la reputación de una persona? ¿Es suficiente ver que la gente esté impresionada? ¿Qué pasaría si él o ella simplemente fuera una persona aduladora o rica o poderosa?

Por esto, una vez más, debemos mirar lo opuesto de lo que ve nuestra cultura. Lo que la Biblia establece como la marca de un carácter piadoso es a menudo diametralmente opuesto a lo que el mundo espera y celebra. Y uno de los aspectos principales que el Cantar de los Cantares presenta como encomiable para una relación romántica es uno de los más despreciados por nuestra cultura disfuncional.

Sumisión a la autoridad

¿Hay algún argumento en contra de que en nuestro mundo hay un menosprecio abominable por la autoridad y la sumisión? La sociedad moderna, que en realidad depende de la dinámica de autoridad y sumisión para sobrevivir, ¡a menudo parece ser emocionalmente alérgica a esta! El aire que respiramos es: «Nadie me dice qué hacer. Yo hago lo que quiero. Nadie me manda».

La música pop de cada generación se ha vuelto más y más antiautoritaria. (Por supuesto, usted podría decir que el rocanrol subsiste por un espíritu de rebeldía). Un ejemplo viene de la banda de rock de mayor influencia en la historia, los *Beatles,* quienes describieron la necesidad de cambiar al mundo en su canción *Revolution* [Revolución]. El líder revolucionario, cultural, de los *Beatles,* John Lennon, dio al mundo una canción llamada *Imagine* [Imagina]. Es una canción muy bonita; pero todo lo que trata es de cómo el mundo se podría beneficiar si no hubiera religión, ni gobierno, ni fronteras, ni infierno, ni cielo, nada solo «paz». Probablemente, nunca ha habido una canción con tan buenas intenciones y tan poco intelecto a la vez. Pero, impactó fuertemente a los que venían de las décadas contraculturales de los sesenta y setenta.

La década de los ochenta nos dio *Authority Song* de John Mellencamp. «Yo combato la autoridad», canta Mellencamp, «y la autoridad siempre gana». Y sigue diciendo, «Bueno, lo he hecho desde que era niño, y siempre salgo sonriendo».

La filosofía de la antiautoridad está tan generalizada que ha impulsado los movimientos más importantes en las artes y el entretenimiento, la política y la cultura. El ejemplo cultural más reciente es probablemente lo que los medios han llamado el «Movimiento *Occupy*», que predica la idea de que las pocas personas que se dice poseen el noventa y nueve por ciento de la riqueza de occidente, necesita ser despojada de todo su «dinero sucio». Pero el sentimiento es mucho más profundo que la desigualdad de riquezas o estatus social. Cada uno de nosotros, en lo profundo del corazón, tiene un sentimiento antiautoritario que mide más de un kilómetro de ancho. Y la idea de la sumisión nos pone nerviosos, temerosos, obstinados e, incluso, nos enoja.

Por supuesto, esta resistencia a la idea de la autoridad y la sumisión está influenciada por la realidad de que muchas personas, a lo largo de la historia, han abusado de su posición de autoridad. Cuando un pecador ostenta un cargo, su liderazgo es influenciado por su pecado. No hay excepciones. Y aunque muchos líderes virtuosos, por la gracia de Dios, han empleado su autoridad de, manera honorable, ninguno de ellos lo ha hecho a la perfección. Para el resto, sin embargo, el abuso de autoridad, el liderazgo tóxico, los excesos dictatoriales y la explotación del poder han complicado y amargado la cultura general de autoridad y sumisión que la Biblia establece como un sistema inherentemente bueno. La autoridad es buena para el gobierno, buena para la iglesia y buena para el hogar. Sin embargo, cuando aquellos que están en autoridad la abusan, sufren los que están sometidos a ella. Lo que hace que la sumisión se vuelva, cada vez más, una perspectiva aterradora.

Deberíamos decir, sin vacilar, que cuando una persona se exalta a sí misma, por encima de toda autoridad y tradición, está saliéndose del diseño de Dios. La autoridad no es mala; el *abuso* de la autoridad sí lo es. Dios nos dio las instituciones y las autoridades para formarnos y protegernos. Así que debemos preguntar, mientras consideramos a un miembro del sexo opuesto para una relación romántica, ¿cuál es su reputación en lo que concierne a la autoridad y sumisión? ¿Se somete gustosamente a cualquiera de sus autoridades? ¿Se ha sometido a la autoridad de una iglesia local? ¿Está comprometido o comprometida con los demás miembros de la iglesia? ¿Se somete a su pastor? ¿Cómo trata a los mayores?

Indague si su prospecto de pareja es su propia autoridad. Vea si se resiente o florece bajo la autoridad apropiada. Si no tiene la menor idea, o si parece que no tiene ninguna autoridad sobre él o ella, yo le pondría freno a la relación.

Una mujer que funcionalmente es su propio dios no tendrá la habilidad de escuchar de otros acerca de sus puntos ciegos y sus errores en la vida. Muy probablemente, no puede esperarse que un hombre que no puede someterse gustosamente a sus líderes ejerza humildemente su autoridad en el hogar. No puede esperarse que una mujer que se rebela contra el liderazgo practique una sumisión honesta en su hogar.

Siguiendo con el Cantar de los Cantares, capítulo 1, vemos algo peculiar en los versículos cinco y seis:

> Morena soy, oh hijas de Jerusalén, pero codiciable
> Como las tiendas de Cedar,

Como las cortinas de Salomón.
No reparéis en que soy morena,
Porque el sol me miró.
Los hijos de mi madre se airaron contra mí;
Me pusieron a guardar las viñas;
Y mi viña, que era mía, no guardé.

Estos dos versículos son algo complejos; pero, esencialmente, la mujer está expresando algo de inseguridad acerca de lo moreno de su piel. Desde su punto de vista, no había tenido mucha oportunidad de cuidar de su complexión (de seguir con su «régimen de belleza», en otras palabras) porque pasó mucho tiempo al aire libre. ¿Y qué estaba haciendo? Atendiendo asuntos familiares, aparentemente. Algunos eruditos bíblicos debaten si los «hijos de mi madre» que están enojados con ella son sus verdaderos hermanos o sus parientes culturales (en realidad, otros pretendientes potenciales) que no la deseaban debido a su tez oscurecida por el sol. Es decir, puede ser que estuviera diciendo: «Ninguno de los otros chicos se sintió atraído hacia mí porque he pasado más tiempo trabajando en los campos que atendiendo mi belleza».

En cualquier caso, vemos dos puntos principales acerca de su carácter: trabajaba arduamente sometiéndose a sí misma a las necesidades de su familia por encima de los deseos de la vanidad y tenía una inseguridad humilde sobre su apariencia. No era vanidosa.

Compromiso

Algo que noté cuando estaba en el ministerio universitario fue el gran grupo de estudiantes que no se comprometían con nada (un grado universitario, un gimnasio, una iglesia, un lugar dónde vivir, un grupo de amigos). Lo único con lo que aparentemente se comprometían era con no estar comprometidos. Cada semestre, la charla giraba en torno a la otra escuela a la que se transferirían, o a una nueva carrera que iban a intentar, o a un nuevo trabajo de tiempo parcial en el que estaban interesados (porque, usted sabe, su actual trabajo era aburrido). Este grupo siempre estaba esperando algo mejor y no quería perderse nada que *pudiera* estar sucediendo en otro lugar. Eran inestables. Y esta inestabilidad les costó el gozo de *conocer* y *ser conocidos*.

En el Cantar de los Cantares 1:7 leemos: «Hazme saber, oh tú a quien ama mi alma, dónde apacientas, dónde sesteas al mediodía...». La mujer equipara al «amor del alma» con un compromiso con la presencia de su compañero. A donde quiera que él esté llevando a pastar a su ganado, donde quiera que él esté proveyendo un lugar de descanso, alimento y provisión, ahí es donde ella quiere estar. Aquí hay un indicativo del deseo de compromiso.

Obviamente, cuando usted empieza a sentirse atraído por alguien, no hace compromisos inapropiados; sin embargo, antes de buscar a alguien en una forma potencialmente romántica, sí desea confirmar si la persona tiene tendencia al compromiso. La mujer en este Cantar desea comprometerse con la pastura de su pretendiente; para ella, el césped no siempre es más verde del otro lado de la cerca.

Mientras usted considera a la persona por la que se siente atraído físicamente, busque indicios de compromiso en su vida. ¿Se ha unido y comprometido con una iglesia local? ¿Tiene una relación profunda con un grupo de amigos? ¿Cómo es su relación con su familia?

Considero que la membresía de la iglesia requiere mucha consideración, precisamente porque no existe la iglesia perfecta, y en nuestros tiempos occidentales, tenemos muchas opciones de donde escoger. Las iglesias están llenas de pecadores, así que siempre habrá algo de desorden en la iglesia. En cierta forma, las iglesias son como las familias. De modo que, cuando una persona se queda en una iglesia por un largo periodo, hay evidencia de que se habrá percatado de que no todo es perfecto, pero aun así ha dicho: «Me quedo. Voy a intentar que esto funcione. Mi compromiso es más importante que mi deseo de escapar».

Si usted encuentra a alguien desarraigado, siempre buscando lo nuevo, siempre buscando algo «mejor» (un mejor trabajo, un mejor grupo de amigos, una iglesia mejor, un mejor pasatiempo, un mejor *lo que sea*) deberá ser extremadamente cauteloso.

Lo que usted busca es una raigambre profunda, o al menos una profunda capacidad para arraigarse. Obviamente, entre los adultos jóvenes hay muchas cosas en transición con respecto a la escuela, los empleos y demás. Sin embargo, a pesar de la naturaleza pasajera de esa etapa particular de la vida, ¿hay señales de compromiso profundo? Si no hay indicios de compromiso en su vida, le advertiría que avance muy lentamente hacia cualquier tipo de relación seria.

Ya que la Biblia nos dice que en nuestras relaciones necesitamos ir más a fondo que la atracción física, y debido a que sabemos que lo que nos parece físicamente atractivo, en su mayor parte, tiene una influencia cultural, es sabio reconocer que Dios nos ha preparado para el compromiso del *compañerismo* por encima de la atracción sexual o del placer físico. El compañerismo proporciona un gozo más profundo y un placer mayor de lo que el simple placer físico podría producir por sí solo.

Si en su relación tienen atracción física, pero no compañerismo, a la larga terminarán destrozados; pero si tienen un compañerismo profundo, mutuo, la atracción física no es tan importante y, con el tiempo, se vuelve cada vez menos importante.

En la película *Cast Away* [Náufrago], vemos una dura representación del hambre innata de una persona por el compañerismo. El personaje principal, Chuck Noland, se ve envuelto en un accidente aéreo. Sobrevive; pero termina varado en una isla desierta. Cuando la soledad comienza a hacer estragos en él, Chuck encuentra un balón de vóleibol que llegó flotando a la orilla, le dibuja una cara, y conversa con él durante su tiempo en la isla.

Después de varios años de aislamiento y de un fallido intento de suicidio, Chuck construye una balsa para intentar salir de la isla. Después de zarpar con éxito, se encuentra con una gran tormenta y sobrevive. Al día siguiente, una vez que las aguas se han calmado, su constante compañero, Wilson, el balón de vóleibol, se cae de la balsa. En la que quizá sería la escena más poderosa de la película, Chuck comienza a llorar incontrolablemente por la angustia de perder a su único «amigo». En esta escena breve, el director, Robert Zemeckis, deja al descubierto el anhelo innegable de compañerismo de cada corazón humano. Es un retrato hermosamente poderoso de una necesidad que sustituye el deseo simple de gratificación sexual o «atracción». En verdad, «No es bueno que el hombre esté solo» (Génesis. 2:18).

Al fin y al cabo, por supuesto, Jesús es quien provee este compañerismo perfecto para sus hijos. «Ya no os llamaré siervos», dijo en Juan 15:15, «pero os he llamado amigos». A través de Jesús vemos que el compromiso que hacemos con nuestros hermanos y hermanas en la iglesia supera, con creces, incluso los buenos dones del matrimonio y la satisfacción sexual. El matrimonio y el sexo pasarán (vea Mateo 22:30), pero nuestro compromiso como amigos, ¡como familia!, con los santos de Dios, perdurará.

¿Puede comprometerse su prospecto? Su atractivo físico es algo bueno, pero no es algo que perdure, la capacidad para comprometerse es una característica eterna.

Sufrimiento

En la capacidad de una persona para el compromiso está incrustada su capacidad para superar el sufrimiento. Puede buscar indicios de la «capacidad para el compromiso» observando cómo maneja los momentos de estrés, dificultad o quebrantamiento.

Helen Keller dijo una vez: «El carácter no se desarrolla en la serenidad y la tranquilidad. Solo a través de experiencias de sufrimientos podemos fortalecer el alma, aclarar nuestra visión, obtener inspiración para nuestras ambiciones y alcanzar el éxito». El apóstol Santiago lo dice de esta manera:

> Hermanos míos, tened por sumo gozo cuando os halléis en diversas pruebas, sabiendo que la prueba de vuestra fe produce paciencia. Mas tenga la paciencia su obra completa, para que seáis perfectos y cabales, sin que os falte cosa alguna. (1:2-4)

A la mayoría de personas les agrada que el mundo sea como ellos quieren. Pero el carácter de una persona se nota con más claridad cuando la disfuncionalidad del mundo ha invadido su paz, cuando la forma en que piensan que deben ser las cosas se interrumpe, se afecta y se desarma.

¿Cómo responde su pareja a la traición, al drama en su familia, a las discusiones entre amigos? ¿Cómo se comporta cuando está bajo estrés, enfermo, frustrado o cansado? Claro está que usted no busca perfección, pues todos, excepto Jesús, hemos reaccionado ante la dificultad de formas que no están en sintonía con el evangelio. Todos somos pecadores, y con el paso del tiempo, nos involucramos en respuestas que distan de ser piadosas. Pero en momentos de desafío, ¿la persona que le atrae reflexiona y se hace responsable de su pecado? ¿Se arrepiente de sus reacciones impías y busca el perdón? ¿Qué tan propenso es a la ira? Cuando una iglesia busca líderes, hay una razón por la que excluye específicamente a los temperamentales (vea Tito 1:7).

En momentos de estrés, aparecen las fracturas en la imagen que proyectamos. Se revela nuestro verdadero yo (el interno). A propósito del sufrimiento, el apóstol Pablo escribió en 2 Corintios 4: «Pero tenemos este tesoro en vasos de barro, para que la excelencia del poder sea de Dios, y no de nosotros». Aquí, la imagen es la de un envase frágil quebrado por la dificultad. Cuando el sufrimiento nos quebranta, se revela lo que realmente atesoramos (aquello que adoramos). Pablo continuó:

> …que estamos atribulados en todo, mas no angustiados; en apuros, mas no desesperados; perseguidos, mas no desamparados; derribados, pero no destruidos; llevando en el cuerpo siempre por todas partes la muerte de Jesús, para que también la vida de Jesús se manifieste en nuestros cuerpos (vv. 8-10).

Cuando la persona que le atrae atraviesa alguna dificultad, si se entristece, se estresa o se ofende es una señal de su humanidad. Pero lo que hace con esa tristeza, estrés o vulnerabilidad, marca toda la diferencia entre alguien que atesora a Cristo como lo supremo y satisfactorio, y alguien que es su propio dios, que vive con la sensación de que tiene derecho a todo y adora la comodidad.

Si busca una relación romántica, sea sabio y mantenga las cosas con su pareja potencial en una relación de "amigos" hasta que haya visto cómo maneja el estrés de un mundo disfuncional y caído. Porque esto no se puede evitar, ¡especialmente en el pacto del compromiso matrimonial! Cuando nos comprometemos con un cónyuge para toda la vida, estamos aceptando entrar en una unión sagrada entre dos pecadores y Jesús, y cuando hay dos pecadores caminando juntos, con el transcurso de los años verá lo pecador que puede ser él o ella —y usted—. Tim Keller dijo: «El matrimonio es como conducir un tráiler por la vida, poniendo al descubierto sus defectos y bajándole los humos a sus reacciones».[8] Sí, de hecho, el matrimonio puede *ser* el «sufrimiento» que nos quebranta para revelar aquello que en realidad adoramos.

Después de sondear el carácter de su pareja potencial, si descubre que su reputación no es buena, que no es tan piadosa, que parece tenerle fobia al compromiso, o que no maneja bien el estrés, y aun así se siente atraído hacia esa persona, debe preguntarse por qué. ¿Qué es lo que usted adora que lo atrae hacia la intimidad romántica y el compromiso potencial con alguien de carácter dañino? ¿Es posible que esté pensando superficialmente, y que sus valores estén atados a cosas que no perduran?

Si su respuesta a cualquiera de estas preguntas es sí, hay una gran esperanza para usted.

Uno de mis temores al escribir este libro era, que, al señalar la sabiduría del Cantar de los Cantares, muchos de nosotros que somos culpables de insensatez podríamos sentirnos condenados y sin esperanza. Sin embargo, quiero terminar cada capítulo de nuestra travesía a través de Cantares mirando cómo el llamado del evangelio a la confesión y al arrepentimiento entran en nuestro desorden y remueven el peso de la culpa y la vergüenza al señalarnos a Jesús. Leemos acerca de uno de los mayores desastres en una relación en la Biblia en 2 Samuel 11, en el que el rey David vio a Betsabé bañándose, empujado por su belleza y sin pensar en las repercusiones de sus actos, envió a buscarla. Codició a la esposa de otro hombre; abusó de su autoridad al hacer que la trajeran y cometió adulterio con ella.

Y si esto no fue lo suficientemente malo, luego, arregló que, a su esposo, Urías, lo trasladaran al frente de la batalla para incrementar la probabilidad de su muerte. Urías murió, y David, por intención, se convirtió en un asesino. Después de un pecado tras otro pecado, David tomó a Betsabé por esposa.

En 2 Samuel 12, Natán confrontó a David, y este estalló en lágrimas bajo el peso de su culpa. Se arrepintió de su pecado contra el Señor. Aunque hubo muchas consecuencias circunstanciales de la rebelión de David contra Dios (vea 2 Samuel 12:10-12; 14), Él lo perdonó, y aún se le conocía como un hombre conforme al corazón de Dios (vea Hechos 13:22). ¡Qué ocurrencia llamar así a un hombre culpable de lujuria, adulterio, engaño y asesinato; y esos son solo sus pecados más obvios! Que, al final, ese tipo de persona pueda ser declarada un hombre conforme al corazón de Dios es un testimonio, no de la grandeza de David, sino de la de Dios.

No hay pecado —pasado, presente o futuro— que tenga mayor poder que la cruz de Jesucristo. Si cualquier obscuridad de su pasado o problema o culpa en su presente le incomoda mientras avanza en este libro, por favor, sepa que no se ha extraviado al punto que no haya redención para usted. La reconciliación y sanidad completas están abundantemente disponibles para usted en Cristo Jesús. El hombre que no conoció pecado llevó nuestro pecado a la cruz, para que pudiéramos ser revestidos de su justicia perfecta y seamos completamente justificados delante de Dios, el Padre. Dios ha visto nuestra incapacidad de ser amados debido al quebrantamiento profundo y la rebelión de nuestros corazones, y en vez de retirarse, va en busca nuestra hasta el hermoso final. Él hizo un compromiso eterno con los pecadores debido a su gran amor por nosotros. Y ya que la gracia es verdadera, usted puede enfrentar al mundo con todos sus peligros y problemas, sabiendo que el santo novio, Jesucristo, lo ha proclamado libre de culpa para siempre.

CAPÍTULO 2

CITAS

Lo que hasta ahora hemos visto en el Cantar de los Cantares es esa danza entre la consideración y la imaginación a la que llamamos atracción. Una mujer vio al rey Salomón y lo encontró deseable. La atracción fue mutua. En seguida, ambos comenzaron a considerar el carácter del otro y a imaginar lo que sería una relación romántica. Parte de esta consideración incluía pasar tiempo juntos para «tantear el terreno», para ver si la atracción era solamente superficial, para ver si la evaluación inicial del carácter del otro era precisa.

Todos hemos sentido atracción por alguien. Sabemos lo que es sentir esa fascinación inicial, hallar a alguien agradable de ver y de tener cerca. Cuando intencionalmente queremos que prosiga esta atracción, comenzamos a buscar formas de pasar tiempo con el otro. Observamos cómo vive la otra persona. La mayoría de nosotros, si pensamos sabiamente, no seremos muy prontos en involucrar nuestro corazón. Ejercitamos la paciencia y la consideración.

Hasta este punto, en el capítulo uno del Cantar de los Cantares, no hemos visto una anotación seria a lo que podemos llamar «citas», o lo que históricamente se llamaría «cortejo», pero sí mucho de probar el terreno para ver si deben saltar al agua.

Si la reputación de una persona es buena y usted ha visto en ella la voluntad de someterse a otros, de comprometerse con asuntos, de concluir las cosas, y si le ha observado atravesar los días difíciles con carácter y sabiduría, entonces no es malo buscarle y considerar ir más allá en la relación. Y eso es exactamente lo que sucede en el capítulo 1, versículo 7:

> Hazme saber, oh tú a quien ama mi alma,
> Dónde apacientas, dónde sesteas al mediodía;
> Pues ¿por qué había de estar yo como errante
> Junto a los rebaños de tus compañeros?

Ya no era solo atracción física, sino una mezcla de atracción física y deleite en el carácter de la persona. Ella preguntó: «¿En dónde vas a estar?». La razón por la que lo hizo es porque planeaba ¡estar allí también!

Si usted es soltero, sabe que esa puede ser una pregunta riesgosa. Ya hemos visto la ansiedad de ella por su apariencia, pero ahora pregunta valientemente. Quiere pasar tiempo en una forma más significativa. Y, por supuesto, es muy natural que una relación crezca de esta manera. Podemos llamarla la etapa de las citas.

Las citas en nuestros tiempos, seamos honestos, son *ridículas*. Puede ser como vender un vehículo usado. Tratamos de esconder todo lo que pueda disminuir las probabilidades de venta y solo anunciamos lo que «cerrará el trato». Y lo que cierra el trato en el mundo moderno de las citas es siempre el sexo. De modo que, salir con alguien se trata de esconder quién es usted en realidad, esconder sus imperfecciones, y en muchos casos, desafortunadamente, exhibir y hacer aquello que principalmente debe estar reservado únicamente para el matrimonio. Desde luego, las cosas han cambiado a lo largo de las décadas, y aunque los seres humanos no son más lujuriosos ahora de lo que siempre han sido, definitivamente nuestros estándares culturales e ideales románticos se han degradado al punto de que los deseos lujuriosos se han vuelto más prominentes, incluso más *impulsivos*.

Históricamente hablando, una relación de citas comenzó con la expectativa y esperanza de que una persona se cruzara en el camino o fuera presentada con alguien del sexo opuesto que tuviera el potencial para ser compatible. Los dos comenzarían a pasar tiempo juntos, llegando gradualmente a conocerse mutuamente, primero en un ambiente social, y, luego, pasando más tiempo juntos conversando o compartiendo algo recreativo. Eso eran las citas en décadas pasadas. Sin embargo, la cita tradicional se ha vuelto cada vez más escasa, y en su lugar ha surgido una cultura de ligar o enganchar.

Desde que la tecnología ha comenzado a jugar un gran papel en la forma en que la gente se conoce (y seguramente tiene tanto pros como contras), el lado oscuro del enfoque actual de las citas no tiene nada que ver con ellas. Frente a todas nuestras aspiraciones románticas y consejos sobre relaciones en las revistas, libros, películas y blogs, nuestra cultura sufre del incremento infortunado de ligar o enganchar. ¿Qué significa eso exactamente? «Ligar o enganchar» se define como «un encuentro sexual que puede o no incluir coito, regularmente sucede entre dos extraños o personas que se conocen desde hace poco tiempo».[1] Es cuando los hombres y las mujeres buscan relaciones superficiales con el único propósito de tener sexo.

Las estadísticas en esta cultura del sexo fácil son impactantes. Un estudio revela que el 77.7 por ciento de las chicas universitarias admite haberse «ligado» con alguien.[2] Esto significa que esas jóvenes se conectaron con hombres jóvenes que no conocían en lo absoluto o que conocían poco, con el único propósito de la gratificación física. Para los hombres el porcentaje es aún mayor: 84.2 por ciento.[3]

Si el sexo es lo que Dios dice que es, entonces hay pocas cosas que le hacen tanto daño al alma humana como los encuentros sexuales fortuitos. La cultura del sexo fácil es otro síntoma de una sociedad confundida y disfuncional que ha exaltado el papel de la gratificación física y el sexo por encima de las normas bíblicas y los ha desperdiciado, sacrificando el contentamiento y el gozo en el altar del placer momentáneo, dejando únicamente quebranto y remordimiento.

Debería ser evidente para los cristianos sensatos que los jóvenes de hoy deben navegar por el mundo de las citas con más cautela que las generaciones anteriores. Los creyentes que buscan relaciones románticas necesitan, quizá hoy más que nunca, recordar las palabras de Jesús en Mateo 10:16: «He aquí, yo os envío como a ovejas en medio de lobos; sed, pues, prudentes como serpientes, y sencillos como palomas».

Para ayudarle a desarrollar esta sabiduría e inocencia, quiero tocar algunas consideraciones importantes en lo que se refiere a las citas. Si usted está procurando que una relación romántica pase a la etapa de las citas, hay algunas cosas que siempre deben estar presentes.

Reciprocidad

En Cantares 1:7, la mujer le preguntó a Salomón en dónde iba a estar para que ella pudiera estar ahí también. Mire la respuesta de él en el versículo ocho: «Si tú no lo sabes, oh hermosa entre las mujeres, ve, sigue las huellas del rebaño, y apacienta tus cabritas junto a las cabañas de los pastores». Note que Salomón no le respondió que le enviaría un texto después, para luego olvidarse, ni le informó que estaba ocupado con los amigos. En lugar de eso, fue bromista e insinuante (de manera apropiada), animándola a encontrarlo.

No hay necesidad de decirlo, pero en nuestro mundo probablemente se justifique hacerlo: En las citas debe haber *reciprocidad.* Si usted quiere pasar de solo ser amigos a las citas, el objeto de su deseo debe quererlo también. Nunca es correcto acosar o perseguir a una persona que no siente lo mismo que usted sobre la naturaleza de su relación. Muchas veces he visto hombres y mujeres jóvenes que se incomodan mutuamente cuando siguen persiguiendo e intentando enamorar a alguien mucho después de que se ha dicho un claro «no me interesa».

Hombres, la Biblia nos ordena en 1 Timoteo 5:2 que tratemos a las mujeres mayores como madres y a las jóvenes, como hermanas. No sé si usted tenga hermanas, pero yo tengo dos. Mi hermana menor no tuvo ninguna cita hasta que yo me gradué y dejé la casa, ¡y en ese momento, los tipos salieron de la nada! Fue como si hubieran estado esperando a que me fuera. Pero cuando yo *estaba* ahí, tuve varios amigos que se interesaron por salir con mi hermana. Un joven llamado Brent me preguntó clara y directamente: «Oye, ¿te importaría si salgo con tu hermana?». Fue muy atrevido de su parte preguntarme; pero, por supuesto, que le respondí: «Sí, me importa mucho. Me gustaría que no te le acercaras ni un poquito».

Tal vez fui sobreprotector, pero creo que, en general, es así como debemos considerar a cualquier mujer, como una hermana a quien proteger. Debemos querer protegerlas, animarlas y amarlas. Nunca es correcto hacer que una mujer se sienta en peligro. Nunca es correcto presionarla, hacer una situación tan incómoda que ella quiera eludirlo a usted. Si ella dice: «No sucederá», entonces no sucederá. Nuestra postura estándar hacia las mujeres siempre debe ser la de honrarlas.

Mujeres: de la misma forma, si intentan ir por el camino del romance con un hombre y él está indicando que ese no es el camino por el que quiere ir con usted, es insensato amenazarlo o tratar de seducirlo. Es una tontería que *podría* darle algo de afecto en el corto plazo; pero, al final, producirá remordimiento, resentimiento y desastre. No lo haga.

Para salir de una posición donde solamente son amigos, debe haber reciprocidad. Si una persona tiene claro que no está interesada románticamente en usted, aprenda a confiar en que Dios tiene a alguien mejor de lo que usted se ha imaginado.

La mayoría sabemos, muy claramente, que está mal imponernos a alguien, incluso si solo es emocionalmente. Pero muchas veces nos enredamos tanto en nuestras emociones y deseos de satisfacción romántica que vamos más allá de donde nuestro corazón debe ir y, por lo tanto, a veces llevamos nuestro cuerpo a donde no debe. A veces el objeto de nuestra atención está más que dispuesto a correspondernos en la forma de la intimidad física, pero no en la forma de la semejanza a Cristo ni de un romance piadoso. Este no es el tipo de reciprocidad que debemos buscar. Si busca una relación en el mundo de las citas, no busque simplemente a alguien que corresponda su atracción, sino alguien que corresponda su deseo de honrar a Jesús en su relación por encima de todo.

Impacto que da vida

En Cantares 1:9-10, la respuesta de Salomón no deja ambigüedad alguna respecto a sus intenciones: «A yegua de los carros de Faraón te he comparado, amiga mía. Hermosas son tus mejillas entre los pendientes, tu cuello entre los collares».

Parece un halago extraño comparar a una mujer con un caballo, ¿no es así? Hay varias líneas a lo largo de Cantares que no le aconsejaría usar con su pareja, y llamar a su chica «caballo» probablemente sea una de estas. Pero, dentro del contexto, Salomón estaba siendo muy galante con ella. Le habló a sus inseguridades, estableciendo claridad sobre su deseo de estar con ella, así como ella quería estar con él.

No solo hay reciprocidad en este libro (compartían la atracción) sino que también intentaron nutrirse mutuamente emocional y espiritualmente. Esta es la primera señal de que su relación iba a ser fértil. Así es como sé que esto es verdad: los caballos de faraón siempre eran caballos árabes, blancos.

Mi hija mayor monta a caballo. Tiene una yegua cuarta de milla, café, llamada *Gypsy*, y en el establo donde la guarda también hay un caballo espectacular, árabe, blanco, llamado Toi. Cuando vamos al granero o pasamos por las pasturas, no siempre puedo ver a *Gypsy* porque hay diez u once caballos como ella; y *Gypsy*, la cuarto de milla café, se funde en el paisaje. Pero siempre se puede ver a Toi.

Toi resalta en marcado contraste con el resto de su entorno. No se funde. Blanco, poderoso, hermoso, fácil de divisar. Y esto es lo que Salomón le estaba diciendo a esta mujer: «Te veo. Cuando miro alrededor, sobresales. No te pierdes entre la multitud. Eres aquella tras la que van mis ojos. Eres única. Eres atractiva. Me siento atraído por ti. No eres como las demás».

¿Nota cómo eso puede ser como agua para un alma sedienta de seguridad? La relación de ellos producía vida. Él no enfatizó las inseguridades de ella, sino que, en lugar de eso, le dio las buenas noticias de su aprobación por ella.

El clamor más profundo de nuestro corazón a menudo puede describirse como un deseo desesperado de que todo nuestro ser sea conocido y, *al mismo tiempo,* disfrutado. Salomón dijo a su prospecto de pareja: «Veo las cosas de las que estás insegura, y te encuentro absolutamente cautivante. Me impresionas y me agradas». Eso producía vida.

Los que están buscando una relación romántica en este momento, si su atracción ha dado lugar a una relación que los está haciendo sufrir, una relación emocionalmente desgastante y espiritualmente comprometedora, una relación que es la culminación de señales mezcladas, lágrimas y confusión, creo que deben salir de ella. Si la relación es agotadora, absorbente, o carece de claridad e intención, o si alguien solo está jugando con usted, yo hincaría el freno de inmediato. La dura realidad es que esa conducta en este tipo de relaciones no mejora con el tiempo; *empeora.* La familiaridad no producirá una mejor conducta. Entre más avancen juntos, se volverán menos cautelosos. Al principio de una relación romántica, la gente tiende a mostrar su mejor conducta para causar la mejor impresión. Si al inicio, la «mejor» conducta de quien le interesa románticamente es muy mala, puede apostar que solo empeorará.

Aprobación por el consejo de personas consagradas

Lo siguiente que vemos en nuestro vistazo al Cantar de los Cantares es la emoción y el gozo que sienten los demás por la relación romántica de ellos: «Zarcillos de oro te haremos, tachonados de plata» (1:11). Los amigos de la pareja en este texto no temían por el corazón y el alma de ellos a medida que se acercaban más; los amigos estaban emocionados.

Una forma segura de andar insensatamente en una relación romántica es salir con alguien que genera preocupación a sus consejeros devotos. Hubo una hermosa joven en *The Village Church* que comenzó una amistad con un joven que, aunque asistía a la iglesia de vez en cuando, no parecía tener un amor real por el Señor ni fruto en su vida. Era encantador, tenía un gran sentido del humor y le iba bien en la empresa donde trabajaba. Los amigos de esta joven notaron cómo le atraía y le recordaron amablemente que debería desear un hombre piadoso que la amara, sirviera y llevara hacia una mayor intimidad con Cristo; y no a alguien que era, desde todo punto de vista, tibio en su fe. Pero la joven ignoró el consejo de sus amigos y comenzó a salir con el hombre.

Sus amigos volvieron a pedirle que reconsiderara el continuar con la relación, y una vez más, se rehusó a escucharlos. En vez de eso, buscó otro grupo de amigos que no estuviera en desacuerdo con sus decisiones, afirmando en todo momento que ella podría influenciarlo positivamente.

|Poco después de que empezaron a salir, comenzaron a traspasar límites que ella nunca tuvo la intención de cruzar, y la relación se volvió casi enteramente física y tóxica. Ocho meses después, descubrió que la estaba engañando y su corazón se hizo pedazos. Se sintió tonta y avergonzada. En su quebrantamiento, nerviosa y lastimada, volvió a buscar a sus amigos, los que le habían advertido, suplicado y orado por ella; temía que su respuesta fuera un «Te lo dije» o un «Si tan solo me hubieras escuchado...», pero en vez de ello encontró gracia, empatía y compasión. Esta dulce hermana todavía lucha, aún está lastimada, pero encontró un puerto seguro donde sanar con los amigos que Dios le había dado.

Proverbios 12:15 dice: «El camino del necio es derecho en su opinión; mas el que obedece al consejo es sabio». ¿Qué piensan de

su relación los hombres o mujeres con los que usted convive, con quienes comparte sus luchas, esperanzas y sueños, que han orado por usted, le han animado y han hablado a su vida? ¿Se alegran o se avergüenzan? Obviamente, es su vida; pero Dios le ha dado a esos hombres y mujeres como un regalo para su apoyo y protección. Nuestros amigos piadosos, los miembros de la familia, y especialmente nuestros pastores, ancianos y otros líderes espirituales muchas veces ven cosas en nuestras relaciones que nosotros no podemos ver, o que a veces nos negamos a ver. Como personas que nos aman y que responderán ante Dios por el cuidado de nuestro andar con Cristo, deben ser honestos respecto a las relaciones problemáticas. Así que pida a esas personas su perspectiva y consejo.

Si no apoyan la relación, resista el deseo de encontrar personas que sean más «comprensivas» (gente que, en realidad, solo le dice lo que quiere escuchar) y, en vez de eso, preste atención al consejo piadoso y deje que su relación con su prospecto sea sencillamente una amistad y nada más.

«Pensando en ti»

Cantares 1:12–14 es un poco complicado. El pasaje suena erótico y sensual, y no hay duda de que algo de ese tipo de deseo se estaba desarrollando (como veremos en breve), pero lo que sucedió inmediatamente en este texto no fue explícito. Nuestra chica dijo: «Mientras el rey estaba en su reclinatorio, mi nardo dio su olor. Mi amado es para mí un manojito de mirra, que reposa entre mis pechos. Racimo de flores de alheña en las viñas de En-gadi es para mí mi amado».

Ella estaba recostada en la cama y pensaba en Salomón. No tenía fantasías sexuales con él, pero comenzaba a «enamorarse» de él, por así decirlo. En los tiempos de Salomón, las mujeres que podían costearlo, llevaban una pequeña bolsa de piel, llamada nardo, alrededor del cuello, a menudo llena de objetos fragantes, como un sustituto del perfume. En los versículos 12 al 14, nuestra chica habla simbólicamente, diciendo que Salomón era el objeto fragante que llevaba en el cuello. No estaba diciendo en realidad que él estaba en la cama con ella, recostado sobre sus pechos. Estaba diciendo que él traía «fragancia» a su vida, a su espíritu. Cuando pensaba en él, «estaba en las nubes», oliendo flores y paseando por los viñedos florecientes.

Salomón acababa de decirle que creía que ella era un bombón (vea 1:8-10), y ella estaba extasiada. Soñaban despiertos el uno con el otro. Era difícil para ellos estar separados sin pensar en el otro. Una aplicación importante de esta línea de pensamiento es recordar que donde no hay una iniciativa mutua, donde no hay preocupación y cuidado amables de uno por otro, la relación ya está muriendo. Tengo una historia de mi propia vida que, para mi vergüenza, prueba este punto. Cuando estaba en la universidad, fui muy amigo de una chica que me gustaba mucho. Pero eso era todo lo que éramos, amigos. Me encantaba pasar tiempo con ella. Era devota, era hermosa, pero no me atraía románticamente. El problema fue que ella no quería que solo fuéramos amigos. Así que un día me dio un ultimátum. Dijo: «Mira, me gustas, es evidente que me gustas en una forma en la que yo no te gusto a ti. Así que ya no podemos ser 'solo amigos'». En mi insensatez y cobardía le sugerí que comenzáramos a salir, pues no quería perder su compañía. Pero sabía que ella estaba mucho más interesada en mí de lo que yo estaba en ella. Esa verdad se hizo muy evidente cuando salí de viaje por tres días y difícilmente pensé en ella. Finalmente la llamé, pero solo porque se suponía que debía hacerlo. Esta mujer exigente no estaba interesada en juegos o en pasar tiempo en la categoría de «una cita a medias». En lo que se refería a nuestra relación, ella no pensaba: «lo tomo o lo dejo». De hecho, me envió una carta al hotel, y cuando llegué a casa, me esperaba un pequeño paquete con mis caramelos favoritos. Me sentí muy mal. Recuerdo que pensé: *Soy una persona horrible.* Estábamos en una situación injusta en la que yo, como el hombre, no estaba mostrando iniciativa alguna en la relación, honestamente era poco entusiasta y demasiado perezoso. Ella estaba tomando *toda* la iniciativa, y yo sabía que, a la larga, eso lastimaría su corazón. Al final, fui lo suficientemente hombre, hablé con ella, le pedí perdón y terminé la relación. Fue horrible. La herí profundamente. Merecía un hombre que pensara en ella tanto como ella pensaba en él, cuyas acciones hacia ella no fueran descuidadas y egocéntricas, sino decididas y cariñosas. Como padre de hijas y como esposo, recuerdo esa situación con remordimiento.

Así que le diré esto: Si está en una relación romántica y la otra persona muestra poca o ninguna iniciativa, la relación ya está rota y usted va contrarreloj. Si usted está impulsando todo y la otra persona no aporta nada, se dirige a un precipicio relacional.

Sea honesto consigo mismo. ¿A menudo piensa en la otra persona? ¿Es considerado? ¿Le extraña cuando están lejos uno del otro? Si hay indiferencia por parte de cualquiera de los dos, si parece que alguno de ustedes podría considerar al otro como «esto es lo que hay», regrese a una relación de amistad.

Seguridad y pureza

Cantares 1:16-17 dice: «He aquí tú eres hermoso, amado mío, y dulce. Nuestro lecho es de flores. Las vigas de nuestra casa son de cedro, y de ciprés los artesonados».

Superficialmente, podría parecer que esto no tiene mucho significado; sin embargo, la escena que el varón describe es muy importante y nos da un mayor entendimiento respecto al cuidado que se le da a su relación, aun siendo tan romántica y cariñosa como era.

Permítame organizar la explicación del texto de esta manera: Casi toda pareja cristiana que sale en una cita, sabe de la insensatez inherente de una «noche de película». Esto sucede una y otra vez, más veces de las que cualquiera de nosotros pueda contar. He tenido esta conversación tan a menudo que la puedo repetir fácilmente. Un joven y una chica están saliendo, y uno pregunta: «¿Qué quieres hacer esta noche?». El otro responde: «No sé, vamos por algo de comer». Así que van por algo de comer. Luego uno dice: «Bueno, ¿por qué no vamos a tu casa y vemos una película?».

Ahora, ¿podemos ser honestos? Nada bueno ni piadoso pasa nunca entre parejas que salen y se encuentran juntos en un sofá, tarde en la noche, viendo una película. Nunca, en la historia de la humanidad, tal situación ha llevado a discusiones profundas acerca de la cinematografía o del simbolismo utilizado por el director en su trabajo, o cosas similares. Más bien comienza con acurrucarse, luego se convierte en boca a boca, manos al cuerpo, y luego progresa hasta que o uno de los dos se calma, o pierden la cabeza juntos.

Pero Salomón y su novia sabían bien que no podían confiar en sus impulsos. Se atraían mucho uno al otro, y lo *sabían*. Lo que estaba sucediendo en realidad en Cantares 1:16- 17, es indicativo de la seguridad y la pureza en la relación física de la pareja.

Una mirada más profunda hacia dónde pasaban tiempo juntos nos muestra que estaban en el exterior. «Nuestro lecho es de flores», dice (1:16). Estaban en el parque. Estaban en público. «Las vigas de nuestra casa son de cedro, y de ciprés los artesonados» (1:17). Y

Salomón es el que inicia este escenario público. Muchas veces, en las relaciones románticas, es el hombre el que presiona, tienta y dirige el camino hacia la lujuria; no siempre, pero muy a menudo. Pero aquí en Cantares, Salomón tomó la iniciativa hacia la pureza y la seguridad.

Cuando usted salga en una cita, naturalmente habrá un creciente deseo de intimidad física con su pareja. Por favor, comprenda: ¡Eso no es malo! No le hace asqueroso, ni malvado, ni pervertido, ni malo. El deseo en sí mismo no es malo, pero debe ser refrenado hasta el matrimonio.

Recuerde, Dios es el creador del sexo; Él lo inventó. No es el deseo de Dios privarle del placer sino, más bien, dirigirlo al placer más pleno posible. Habiendo dicho esto, sea cuidadoso de no ponerse en peligro.

Diez de la noche. Ustedes dos solos en un apartamento, acurrucados en un sofá, mirando alguna película, eso no lleva a nada bueno. No es seguro. La relación romántica debería ser segura, y el hombre debería procurar intencionalmente que haya pureza en ella. Por lo tanto, hombres, no pongan sobre su novia o prometida la carga de seguir rechazando sus avances o de recordarles sobre el diseño de Dios para el sexo. No las pongan en esa posición. Ustedes dirigen; háganlo de tal forma que se protejan ambos de la tentación sexual.

La promesa de un futuro

Enseguida, entramos al segundo capítulo del Cantar de los Cantares, que continúa con la declaración de la mujer: «Yo soy la rosa de Sarón, y el lirio de los valles». Y él responde: «Como el lirio entre los espinos, así es mi amiga entre las doncellas» (vv. 1-2).

He aquí a una mujer que ha desarrollado un sentido de identidad propia por el progreso de la relación. No se queda confundida, dudando, preguntándose o perdida. Salomón no le dio señales contradictorias ni le rompió el corazón. Ella no comprometió sus creencias o cuestionó su fe. No se preocupó por sus intenciones ni intentó descifrar sus avances.

En muchas relaciones románticas de hoy, vemos cómo el mal manejo del corazón de una mujer termina marchitándola y agotándola, y cómo el maltrato emocional (y físico) hace que una mujer se sienta menos. Pero esto no sucede con la prometida de Salomón. La forma en que él lleva su relación y en la que se derrama en el corazón de ella la dejan confiada y segura. Ella floreció.

Estaban teniendo citas en público. Él dijo: «Eres hermosa, eres encantadora». Él fue transparente en su relación acerca de sus sentimientos, sus intenciones y sus pretensiones. Ella pudo responder únicamente diciendo: «No hay duda de que estoy por encima de las otras damas, que soy tuya, que eres mío, y que algo agradable está pasando aquí».

Es peligroso rendir lo más profundo de su corazón a alguien que no le ha provisto con este tipo de transparencia. Si su relación romántica va a avanzar, si las cosas se van a poner más serias, *tiene que* haber transparencia.

Vea el versículo tres: «Como el manzano entre los árboles silvestres, así es mi amado entre los jóvenes; bajo la sombra del deseado me senté, y su fruto fue dulce a mi paladar». No solo su relación era segura y pura, no solo había transparencia, sino que ella tenía una sensación creciente de comodidad y seguridad junto a él. Estaba cómoda en su presencia, no nerviosa ni asustada. La forma en que él la trataba, cómo andaba con ella, la forma en que conversaban, cómo pasaban el tiempo juntos, todo proveía la evidencia que ella necesitaba para saber que dentro de él había un deseo de protegerla física, emocional y espiritualmente.

«Me llevó a la casa del banquete, y su bandera sobre mí fue amor» (v. 4). ¡Qué cosa tan linda! Ella estaba exultante por la forma en que él la enamoraba. La «casa del banquete» habla de la forma en que se sentía nutrida por él, *alimentada* por él, por decirlo así. La trataba como de la realeza. Y sobre su relación no ondeaba la bandera de la lujuria, sino la del amor: amor abnegado, sacrificial y espiritual.

«Su bandera sobre mí fue amor». Esto también indica que Salomón no se negaba a aceptar su relación. No estaba tratando de mantenerla en secreto. Orgullosamente declaraba su amor por esta mujer. No dijo: «Oigan, esta es mi amiga, la Sulamita». Dijo: «¡Oiga todo mundo, esta es mi chica!». Cambió su estado de *Facebook* y dejó que el mundo supiera que ya no estaba disponible.

De este modo, su relación avanzó.

Si usted está en una relación en la que la otra persona se niega a reconocer abiertamente que sus intenciones con usted, su deleite y su gozo, van más allá de cómo se siente respecto de las otras nueve mujeres con las que lo ve, entonces en realidad no está teniendo una relación romántica. Están jugando con usted. Está atrapado en un juego que su corazón va a perder.

Pero para aquellas relaciones que tienen límites apropiados, en las que salir románticamente es dar lugar a algo más intencional y serio, el corazón se vuelve más pleno y desborda amor y cariño.

En el avance de Cantares vemos más y más afirmación de que el deseo sexual es bueno para las parejas con intención de casarse, porque esto augura lo bueno para su salud sexual una vez que el pacto matrimonial haya santificado la expresión sexual mutua.

Me encanta que la Biblia nunca se anda con rodeos, sino que siempre es honesta con nosotros. «Sustentadme con pasas», dijo la Sulamita. «Confortadme con manzanas; porque estoy enferma de amor. Su izquierda esté debajo de mi cabeza, su derecha me abrace» (vv.5-6). Debido a toda la bondad de él, su transparencia y sus intenciones piadosas, ella admite que tiene un deseo creciente por su toque sexual.

En este tiempo de la historia de Israel, las pasas y las manzanas se consideraban comidas sensuales; incluso se creía que ayudaban a las mujeres a quedar embarazadas.

Se decía que David les daba manzanas y pasas a sus hombres, que regresaban a casa de la guerra, como una gran recompensa para ellos y sus esposas. Era una forma de decir: «Vayan a casa, hermanos, ¡y hagan bebés!».

Básicamente, la Sulamita estaba diciendo: «¡Me apunto! ¡Necesito unas pasas! ¡Necesito manzanas, ahora mismo!».

Debido a que confiaba en las intenciones de Salomón y que estaban comprometidos a «no despertar al amor ni hacerlo velar hasta que quiera» (v.7), tenía la libertad para reconocer su creciente deseo.

Es importante para mí repetirle esto debido a los mensajes contradictorios que históricamente la iglesia ha enviado a los jóvenes respecto al sexo: no está mal tener un deseo creciente por el toque sexual. Voy a estar regresando a esta verdad antes de que termine nuestro estudio de este libro, porque se nos ha dicho muchas veces que el sexo es malo, pecaminoso y asqueroso. Y luego se espera que lo aceptemos plenamente cuando nos casamos. Este mensaje no es la mejor forma de dar libertad a una pareja para la intimidad marital. Muchas veces las parejas que desean ayuda deben recurrir al mundo para encontrarla. Pero el mundo no sabe manejar correctamente algo que Dios diseñó porque no conoce a Dios.

A veces, me he encontrado con jóvenes que, desesperados por sus apetitos sexuales, dicen cosas como: «¡Lo único que quiero es que Dios me quite esto!». Y siempre les digo: «No quieres eso, en realidad».

Lo que deberían querer es que Dios le dé poder a su disciplina y fuerza para ser obedientes, porque el deseo sexual es un don. No deberíamos pedirle a Dios que aleje de nosotros uno de sus dones. Más bien, debemos pedirle que nos ayude a administrarlo bien, y que nos dirija hacia la relación de pacto en la que podamos disfrutar de él de acuerdo con su diseño.

Ahora, mire la siguiente parte del versículo, una palabra de advertencia: «Yo os conjuro, oh doncellas de Jerusalén, por los corzos y por las ciervas del campo, que no despertéis ni hagáis velar al amor, hasta que quiera» (v. 7).

Creo que mi amigo Tommy Nelson fue la primera persona a la que escuché enseñar acerca de este maravilloso libro, y en una de sus más profundas percepciones del texto, comparó el deseo por el toque sexual con una fogata:

> Mantener el fuego ardiendo requiere límites y un combustible apropiado. En el matrimonio, ese combustible son el respeto, ternura y admiración crecientes, deseos y sueños mutuos, relaciones mutuas, semejantes a las de Cristo, con otros (familia extendida, hijos, amigos, socios de negocios, relaciones con la comunidad), recuerdos y tradiciones establecidas a lo largo del tiempo, romance y expresiones de afecto continuas, y muchas otras cosas.[4]

Lo que estaba diciendo es que el combustible del entusiasmo sexual dentro de los confines del matrimonio proviene de un creciente conocimiento mutuo, de una comprensión mutua más profunda, de estudiar cómo traer gracia a todas las formas en que su cónyuge es diferente y único en sí mismo. De alguna forma, observar a su cónyuge ser lo que Dios diseñó que fuera, a través de la lente del evangelio, se vuelve *excitante* para usted.

Mujeres: observar a su esposo siendo disciplinado, amando a sus hijos, triunfando y prosperando en su trabajo, ¿no son cosas atractivas? Cuando considera estas cosas a través de la obra de Cristo, ¿no hacen ver a su esposo más masculino, más seductor para usted?

Hombres: observar a su esposa servirle de forma tierna, atendiendo su hogar o procurando sus dones e intereses, verla prosperar como una mujer de Dios creativa o emprendedora, ¿no es sexi?

Servicio y devoción: ver a su pareja interactuar con los miembros de la familia, socios de negocios y comunidades de la iglesia, crea un respeto por su cónyuge que va más allá de lo físico. El sexo dentro del matrimonio puede llevarle a una dimensión completamente nueva, la de dar al otro, incluso en esos momentos cuando el deseo sexual puede no ser tan fuerte.

Sin embargo, la intimidad sexual fuera del matrimonio no tiene esos límites liberadores o de combustible saludable. Fuera del matrimonio, el sexo se trata de autogratificación y satisfacción de deseos personales.

Por lo tanto, la Sulamita nos suplica no despertar al amor hasta que sea su tiempo (vea Cantares 8:4), porque si entran a lo físico muy rápido, solo aplastarán la capacidad de crecer en intimidad legítima verdaderamente.

No despierten al amor hasta que sea tiempo, porque si lo hacen, dejarán de conversar, dejarán de indagar en lo profundo del alma del otro, dejarán de intentar descubrir cómo comunicarse mejor, dejarán de tratar de encontrar lo que les hace ser quienes son.

En lugar de ello, se usan uno al otro físicamente. Puede ser agradable por un rato; pero le garantizo que lo dejará vacío.

Si la relación romántica avanza y usted ve esas cosas saludables que hemos visto en el Cantar de los Cantares, es importante aplicar una dosis saludable de gracia a las evaluaciones de sus sentimientos. Nadie es perfecto en todas estas cosas. Cuando está en una relación romántica, parte de llegar a conocerse mutuamente significa trabajar en los malentendidos y en los sentimientos lastimados. No espere la perfección, porque solo Jesús puede ofrecerle eso. Mejor, lo que debe preguntarse es: «¿Manifiesta esta persona una trayectoria saludable y piadosa? ¿Está dispuesta a arrepentirse cuando se equivoca? ¿Es una fiel seguidora de Jesucristo?

Cuando hay arrepentimiento, confesión y seriedad en andar por los caminos del Señor, vale la pena continuar trabajando en su relación. Pero si lo hace, dese cuenta de que las citas avanzan. Para los cristianos, las citas tienen una trayectoria específica.

Cuando la trayectoria de ambos es ser mutuamente semejantes a Cristo, el siguiente paso es trazar su trayectoria como pareja. Pasar de simplemente salir a una versión más seria de las citas, lleva a lo que podemos llamar cortejo.

El cortejo es cuando ya no «salen por salir», sino que salen para avanzar hacia el matrimonio. La pareja en etapa de cortejo se pregunta individualmente y uno al otro: «¿Vamos a estar juntos por el resto de nuestra vida?». A medida que la relación progresa en el cortejo, la respuesta es: «Sí, creemos que así será».

CAPÍTULO 3

EL CORTEJO: UNA IDEA ANTIGUA RENOVADA

Cuando comencé a salir con quien ahora es mi esposa, Lauren, yo vivía en Abilene, Texas, y ella vivía en Longview, a casi cinco horas y media en automóvil. En ese tiempo yo trabajaba en una iglesia, era estudiante de tiempo completo, y viajaba ocasionalmente para predicar. En un fin de semana típico, terminaba una plática el viernes en la noche, como a las once, me subía al automóvil y conducía hasta Longview. Llegaba a casa de los padres de Lauren muy temprano en la mañana, dormía un par de horas, luego me despertaba, pasaba tiempo con Lauren hasta el almuerzo, me subía al automóvil y conducía a casa, a Abilene, para poder estar en la iglesia el domingo por la mañana. Hice eso por un año.

No era un plan muy saludable o cómodo. Pero nunca me pareció absurdo, jamás. Mirando ahora hacia atrás, pienso: *Hombre, esa chica te hizo vudú o algo*. Estaba en el automóvil de catorce a dieciséis horas, en un periodo de treinta y ocho horas cada semana, solo para pasar cuatro o cinco horas con ella.

Salomón y la mujer a la que amaba estaban en una etapa similar de su relación. Lo vemos en el capítulo 2, versículo 8: «¡La voz de mi amado! He aquí él viene saltando sobre los montes, brincando sobre los collados».

Había emoción en su voz respecto a la forma en que Salomón la trataba. Él no se cansaba nunca de ella. Cada momento libre que tenía lo pasaba acercándose a ella.

Esto va más allá de un capricho, más allá del amor adolescente o de la atracción inicial. Ahí había magnetismo. «Puede ser, creo que esta persona es "la correcta"».

Antes de conocer a Lauren, siempre era el tipo que pensaba: ¿Realmente hay una mujer por ahí que llegará a conocerme *en verdad y aun así dirá: 'Sí, pasaré el resto de mi vida contigo'?* Tenía serias dudas de si esa mujer realmente existía. Y luego, de repente, la conocí. Lo que dio como resultado la clase de emoción que me impulsaba a conducir grandes distancias, por largos periodos, tan a menudo como podía, y nunca me molestó. De hecho, me sentía ansioso y lleno de energía con solo pensarlo. Ese tipo de emoción es diferente del que yo tenía cuando estaba solamente encaprichado con una chica.

Cuando entren al territorio del «Creo que esta es "la persona" correcta», saltarán por las montañas y brincarán por las colinas con tal de estar el uno con el otro. Parte de esa emoción y ansiedad es más que el «pasar tiempo juntos». Se vuelve, cada vez, más un asunto de «planear». Cuando la emoción en una relación se mueve más allá de la diversión del aquí y del ahora hacia el ámbito de estar juntos para toda la vida, comienzan a tener conversaciones más profundas, conversaciones acerca de *matrimonio*. No todas estas discusiones son fáciles. Algunas pueden ser muy difíciles. Sin embargo, cuando la etapa de citas comienza a hacerse más seria, se deja de evadir las cosas difíciles. Una pareja comenzará a tener conversaciones de categorías como las siguientes:

- El pasado: ¿Cómo fue su crianza? ¿Qué eventos la moldearon, le influenciaron, le ayudaron a crecer, o frustraron su crecimiento? ¿De qué pecados es más difícil arrepentirse?
- El presente: ¿Cuáles son sus luchas actuales? ¿Cómo maneja el estrés diario? ¿A quién le rinde cuentas, y quién es responsable de su crecimiento espiritual? ¿A qué le teme?
- Esperanzas: ¿Qué quiere para sí, para su futuro cónyuge y para su familia? ¿Qué quiere para su iglesia? ¿Cuál es su percepción de la misión de Dios en el mundo y cuál es su lugar en ella?
- Sueños: ¿Qué lo satisface? ¿En dónde se ve a sí mismo en el futuro? ¿Cuál es su visión para su relación?
- Heridas: ¿Qué cargas tiene? ¿De qué pecados cometidos en su contra le cuesta recuperarse todavía? ¿Quién la ha herido y cómo? ¿Qué la acosa todavía?

Por esto digo que la emoción en esta etapa de la relación no es simplemente por la atracción y el pasar tiempo juntos. Es la emoción de la perspectiva de comenzar una verdadera vida juntos. Esa decisión no necesariamente se ha tomado ya, pero el potencial existe y ambas partes coinciden en eso. Los demás han confirmado que ustedes tienen el potencial de estar juntos, de modo que sus conversaciones se vuelven cada vez menos acerca de *conocer* al otro y más sobre *comprender* al otro. Este es el periodo previo al compromiso oficial, pero es más serio que simplemente estar saliendo. Esta es la etapa que yo llamo «cortejo».

La seriedad del cortejo

Tommy Nelson definió el cortejo como «el tiempo cuando empieza a salir exclusivamente con una persona, frecuentemente, y con el propósito de determinar si esa es la persona con la que quiere verdaderamente pasar el resto de su vida».[1] Joshua Harris dijo que es «esa temporada especial en un romance cuando el hombre y la mujer sopesan seriamente la posibilidad del matrimonio».[2]

Lo que vemos en Cantares 2:8-9 es que Salomón llegó a saber lo que motivaba a esta mujer, y le animaba mucho conocerla en ese nivel más profundo. El entusiasmo de la atracción inicial continuaba, pero se había alimentado de un fuego más profundo: «Mi amado es semejante al corzo, o al cervatillo. Helo aquí, está tras nuestra pared, mirando por las ventanas, atisbando por las celosías» (v. 9).

Muy bien, sé que eso se oye un tanto espeluznante. Chicos, no apliquen de manera literal este texto, ¿de acuerdo? Este no es un permiso para acosar a las mujeres. Es una descripción poética de algo mucho más apropiado, y continúa en los versículos del diez al trece.

> Mi amado habló, y me dijo:
> Levántate, oh amiga mía, hermosa mía, y ven.
> Porque he aquí ha pasado el invierno,
> Se ha mudado, la lluvia se fue;
> Se han mostrado las flores en la tierra,
> El tiempo de la canción ha venido,
> Y en nuestro país se ha oído la voz de la tórtola.

La higuera ha echado sus higos,
Y las vides en cierne dieron olor;
Levántate, oh amiga mía, hermosa mía, y ven.

Antes que nada, no estaba espiando literalmente por su ventana para observarla. En lugar de eso, lo que significa que estuviera detrás de su pared, mirando fijamente por la ventana, y observando a través de las celosías, es que, aunque su relación con ella estaba todavía fuera del pacto matrimonial, a pesar de eso, él vio por debajo de la superficie. Evaluó su interior, vio por debajo de la fachada de su relación, y sopesó las partes que ella mantenía ocultas.

Estos versículos revelan, entonces, que ella sabía que él no iba a huir. En vez de eso, mantenía las esperanzas en ella. «Porque he aquí ha pasado el invierno, se ha mudado, la lluvia se fue», en el versículo once, habla de su optimismo por la vida juntos, a pesar de las cosas tan difíciles de las que se enteró al profundizar en su romance. Por esto, él dice en el versículo catorce: «Paloma mía, que estás en los agujeros de la peña, en lo escondido de escarpados parajes, muéstrame tu rostro, hazme oír tu voz; porque dulce es la voz tuya, y hermoso tu aspecto».

Una razón por la que se le describe como mirando por las celosías para sopesar su vida interior, es que ella todavía luchaba con alguna inseguridad. Incluso, es posible que algo surgiera, mientras profundizaban en su intimidad, que causó que ella se escondiera. Salió a la luz alguna clase de información, algo del pasado asomó la cabeza, y eso interrumpió la euforia romántica.

Pero cualquiera que haya sido el asunto, no disuadió a Salomón. No se alejó; siguió buscándola. Quizá ella todavía estaba luchando con la inseguridad, y él respetó sus sentimientos para no agobiarla o husmear, pero le demostró la autenticidad del evangelio de la gracia al rehusar distanciarse. Se acercó más.

«Muéstrame tu rostro», le dice. «Háblame. Todavía estoy aquí. No me voy a ir. Puedes decirme todo. Aún estoy cautivado por ti».

¿No es profundamente satisfactorio y tranquilizador cuando alguien tiene un vislumbre de nuestra «locura» y básicamente dice: «De aquí no me muevo»?

Este tipo de reacción ante la imperfección es el mayor indicador de que una pareja avanza más allá de lo recreativo, de la etapa de salir por curiosidad, hacia el cortejo. Es el primer gran indicador de que se están preparando para una vida juntos; las cosas se han vuelto significativamente serias. Si en esta etapa temprana, antes de que se haga el convenio de compromiso, alguien está dispuesto a cubrir con gracia la culpa, vergüenza, heridas u otras dificultades, es una señal razonablemente optimista de que la persona seguirá haciéndolo después de que se realice el compromiso. Y a medida que la relación avanza hacia la profunda seriedad del cortejo, esta gracia seguirá siendo probada.

Revisar sus problemas

En la etapa de cortejo, una pareja debe tener conversaciones sobre el pasado de cada uno. Cuando Lauren y yo estuvimos en esa etapa, comenzamos muchas conversaciones con «Hay algo que debes saber sobre mí...»; «Hay algo que debes saber sobre mi trasfondo...»; «Hay algunas cosas que me pasaron al crecer que dejaron marcas en mí...»; «Esta es la razón por la que me comporto así...»; «Estas son las razones por las que ciertas cosas me molestan...».

Teníamos muchas preguntas el uno para el otro, y teníamos muchas experiencias para compartir.

Obviamente, este tipo de apertura lleva a una época arriesgada en la relación. Pero mientras la relación progresa (y recuerde, ya hemos establecido una seguridad mutua; ya confiamos el uno en el otro), entramos a esa etapa en la que describimos nuestra vida con una profundidad y sinceridad reservada únicamente para aquellos que nos conocen más cercanamente.

«Estas son mis preocupaciones...»; «En esto estoy creciendo...»; «Tengo miedo de esto...»; «Estas son mis luchas...». La conversación crece en profundidad, en significado. Hay mayor sinceridad. Hay mayor riesgo. Hay mayor voluntad de exponer nuestros corazones, incluso si sabemos que podría irnos mal. No estamos casados todavía, y no estamos completamente comprometidos. No hemos dicho: «Hasta que la muerte nos separe», ni: «En lo bueno y en lo malo». Pero estamos avanzando hacia pronunciar esas palabras sagradas.

Por eso, el cortejo es más profundo que las citas, porque es peligroso, vulnerable y, a la vez, fantástico. Estamos probando el terreno de la gracia, intentando ver si la atracción evidencia amor verdadero, el tipo de amor abnegado que la Biblia indica que las parejas casadas deben abrazar. Y, precisamente, ya que durante el cortejo mostramos más de nuestros corazones el uno al otro, incluyendo las partes oscuras, el cortejo podría ir mal.

Mi esposa y yo somos muy amigos de una mujer soltera que no puede tener hijos. Simplemente, no es fisiológicamente posible. Revelar esto de sí misma es parte de una conversación en sus relaciones a medida que se vuelven más serias, y ha habido hombres que se han alejado porque eso es algo que no creen poder superar. Como se imaginará, eso es extremadamente doloroso y decepcionante para nuestra amiga. Pero sabe que debe traerlo a colación, por más arriesgado que sea, cuando las cosas se hacen más serias.

Obviamente, compartir este tipo de asunto coloca a una persona en una situación muy vulnerable, pero «guardarlo» para *después* de casarse puede hacer que ambos se sientan más vulnerables. Puede provocar sentimientos de traición. A fin de que nadie se sienta engañado, los asuntos como este deben atenderse antes de que se haga un compromiso para toda la vida.

Por más doloroso que pueda ser confrontar a la gente con la realidad de sus problemas y que esto provoque que se alejen de usted, imagine cómo edificará la confianza y dará esperanza entrar al matrimonio cuando aquella persona a la que ha confrontado con la realidad de sus problemas diga: «Me apunto. Nada podrá impedir que me case contigo».

Cuando estaba saliendo con Lauren, tuve una sensación creciente del llamado de Dios en mi vida para servirle en el ministerio, y se hacía cada vez más fuerte. En mi mente, mientras consideraba qué tipo de servicio supondría, asumí que, si nos casábamos, íbamos a estar en bancarrota. Pensaba que Dios podría llamarnos a otro país. Pensaba que podría enviarme a cualquier lugar para hacer cualquier cosa y requerirme que renunciara a todo tipo de cosas para lograrlo y, desde luego, no le iba a ocultar ninguna de esas ideas a quien estaba considerando pasar el resto de su vida conmigo.

Tuvimos esa conversación en un restaurante Chilli's en Longview. No era un lugar muy romántico, por supuesto, pero puse todo sobre la mesa. Dije: «Aquí es a donde creo que el Señor me está llevando…» «Esto es lo que Dios me está llamando a hacer...», «No sé cómo va a terminar, pero necesito ir. A pesar de toda la incertidumbre y el riesgo, ¿me acompañarías?».

Estoy agradecido de haber tenido esa conversación, porque tuve tres transiciones antes de convertirme en el pastor de la iglesia *The*

Village, cada una a un lugar más pequeño y por menos dinero. Sin embargo, Lauren sabía que existía la posibilidad de ese tipo de transiciones porque hablamos de eso antes de casarnos.

Cada vez que yo sentía que el Espíritu Santo me guiaba a considerar un ministerio más pequeño y un salario menor, lo ponía sobre la mesa frente a ella y decía: «Vamos a orar por esto juntos. Si siento que ahí es donde Dios quiere que estemos, ¿me seguirías?».

Esta clase de conversaciones son las que usted tiene durante el cortejo. Esta etapa también es el tiempo de conversar acerca de sus heridas, acerca de dónde le han lastimado profundamente, si han sufrido abuso u otra clase de trauma que les haga difícil confiar. Para cuando comience el cortejo, la mayoría de estas cosas ya habrán comenzado a revelarse en su relación, pero ahora es el momento de discutirlas. Probablemente ha visto algo absurdo y se ha preguntado qué hacer con eso. No ha sido algo que le haga querer oprimir el botón de expulsión, pero ha pensado: *Bueno*, eso fue *raro*. Tal vez no pueda pensar en una explicación para lo que sucedió; tal vez la conducta fue repentina o fuera de lugar. Sin embargo, en el cortejo tiene que averiguar todas esas cosas.

Haga preguntas como la siguientes: «¿De dónde salió eso?»; «¿Por qué hiciste eso?»; «¿Qué sentías y qué pensabas cuando reaccionaste de esa manera?»; «¿Cómo puedo ayudarte?».

La reacción de su media naranja puede ser retraerse, así que es importante permanecer siendo tierno y paciente, porque la inclinación de la persona a ser abierta dependerá en mucho de cuán amable y gentil sea usted. Ella puede estar acostumbrada a que la gente vislumbre sus disfunciones emocionales y se largue. Así que puede ser difícil para ella confiar en que usted no hará lo mismo. ¡O puede ser que nunca nadie le ha siquiera preguntado acerca de esas cosas! Quizá quede sorprendida por su interés y eso la inquiete.

Muchos de nosotros estamos lastimados y ni siquiera nos hemos dado cuenta. Otros sabemos que hemos tenido momentos que nos han marcado, pero no hemos comprendido el daño en su totalidad. Algunas heridas no aparecerán sino hasta más tarde, después de habernos casado. Sin embargo, antes del matrimonio, debemos tener estas conversaciones, lo más que podamos.

Una cosa que aprendí de mí es esta: yo quería desesperadamente ganar la aprobación de mi padre. Descubrí que es imposible. Simplemente no podía, y eso me marcó. Eso incrustó en mí una terrible inseguridad, y esto a veces provocaba que me comportara como tonto con Lauren. Me frustraba y me enfurecía, y todo vino de esa «herida paterna» que andaba cargando. Si conoce mi ministerio, podrá apreciar mi sentido del humor y mi sarcasmo, pero permítame decirle: es una pesadilla cuando reacciono por inseguridad. Puedo herir profundamente.

En el cortejo verán las heridas de cada uno, y también verán cómo responden al dolor. En mi vida, a medida que se van revelando cosas acerca de mí, que yo desearía que no fueran verdad, mi deseo natural es ocultarlas, no permitir que se vean.

En el cortejo tenemos conversaciones sobre nuestras heridas de la mejor forma en que las comprendemos. Terminamos proveyendo percepciones de nosotros mismos que hacen que nuestra pareja desee huir o acercarse más. Salomón era un hombre de Dios y estaba siendo llamado a una relación de amor verdadero para su pareja, así que escogió lo segundo.

Operaba bajo la bandera del amor que no abandona (vea 2:4). La palabra hebrea para «amor» en el Cantar de los Cantares 2:4 es *ahava*, lo que describe «el amor de la voluntad». Es el tipo de amor que dice: «No me voy a ningún lado». Es el amor que dice: «Ya vi las cosas más absurdas, y de todas maneras me quedo».

El cortejo revela la presencia o la carencia de *ahava*. Porque, como hemos dicho antes, ¿acaso no todo el mundo exhibe su mejor comportamiento en los primeros meses de sus citas románticas? Pero, a medida que avanzamos en el cortejo, bajamos un poco la guardia. La pareja está más relajada, se siente más a gusto con el otro, así que sus verdaderos yo comienzan a salir.

Salomón atisbaba por la celosía; había visto las fallas de ella. Se ha escrito un recordatorio: «Bien, eso va a salir otra vez». ¿Cierto? Pensó: «Vamos a lidiar con eso un buen rato».

Pero no se fue.

Mire el capítulo dos, versículo quince: «Cazadnos las zorras, las zorras pequeñas, que echan a perder las viñas; porque nuestras viñas están en cierne». Las pequeñas zorras representan sus problemas recurrentes.

En el cortejo, las «pequeñas zorras» comienzan repentinamente a salir, y en lugar de ignorarlas y pretender que no están ahí, se ocupan de ellas y las solucionan juntos. Arruinarán el viñedo de su relación si no trabajan juntos en atraparlas antes de que causen daños serios.

Siempre me preocupan las personas que no creen que hay asuntos que tratar a nivel de cortejo y compromiso. ¿Ha conocido a gente así? Están tan obsesionados con el romance que olvidan que tienen una relación con un pecador. Especialmente, olvidan que su pareja está en una relación con un pecador. Siempre digo a la gente de *The Village*: «Miren, el matrimonio es difícil», y tengo como dos mil parejas comprometidas en la congregación, mirándose uno al otro, diciendo: "Nosotros no, mi amor, nosotros no. A nosotros no nos pasará eso"». Porque cuando se es joven y se está enamorado, se es ajeno a la tormenta de disfunciones que les esperan.

Debe comenzar a abrirse, a ser honesto consigo mismo y con el otro. Salomón y su mujer fueron lo suficientemente honestos para admitir: «Oye, tenemos problemas». Tenían una viña llena de pequeñas zorras que se estaban comiendo su capacidad de andar en intimidad, de comunicarse efectivamente y de confiar en Dios. Pero desde los inicios del cortejo se comprometieron a atrapar esas zorras antes de que provocaran gran daño.

Note la perspectiva de la declaración que se encuentra en Cantares 2:15: «*Cazadnos* las zorras». Implica la ayuda de un tercero. Juntos pidieron ayuda, posiblemente de alguien que los amaba. A fin de ponerlo en práctica, a cada pareja que se encuentra en la etapa del cortejo les recomendaría mucho que cuando le salgan al paso las «pequeñas zorras», pidan ayuda externa. Para algunas parejas, esto puede simplemente significar buscar una buena consejería prematrimonial. Para otras, puede significar más bien una consejería intensiva, basada en el evangelio, tanto individual como en pareja. Definitivamente, significa involucrarse en una relación de discipulado y someterse a los líderes espirituales en la iglesia y la familia.

Si está en la etapa de cortejo, está considerando unirse a alguien por el resto de su vida. ¿Por qué no buscar ayuda? ¿Por qué no buscar a un tercer partido sabio, piadoso, que atisbe por las celosías también, que considere su vida interior y las dinámicas de la relación y les ayude a hacerse camino con sabiduría y piedad a través de las dificultades potenciales que enfrentarán?

La pareja en Cantares estaba haciendo esto. Ellos estaban orando, al tiempo que trabajaban a través de los problemas más profundos de su corazón, y parte de esto es que acudieron a un tercero en busca de ayuda.

El resultado para ellos fue una afirmación continua del amor *ahava*. «Mi amado es mío, y yo suya; él apacienta entre lirios. Hasta que apunte el día, y huyan las sombras, vuélvete, amado mío; sé semejante al corzo, o como el cervatillo sobre los montes de Beter» (vv. 16-17). A través de todas estas consideraciones, siguió buscándola.

Creo que vale la pena mencionar que cuando hablo acerca de navegar en asuntos difíciles y continuar buscándose, no estoy recomendándoles (a las mujeres en particular) que busquen ser el redentor de una persona violenta. Ese no es su deber. No necesita poner su cuerpo sobre el altar de la redención de una persona abusiva. Cristo ya lo hizo.

Sé que, a menudo, es aquí donde la ayuda de un tercero es más importante. Desafortunadamente, muchas veces se requiere de un tercero que aconseje a las víctimas para que se alejen de los ofensores. Así que quiero ser muy claro acerca de esto: si usted está en una relación abusiva (ya sea física, sexual, verbal o espiritual), necesita salir de ahí y buscar ayuda. Si usted está sufriendo abuso, dígaselo a la policía. Hable con su pastor o ancianos. Hable con un consejero. No piense que las cosas mejorarán por sí solas, y no crea que mostrar gracia significa someterse al abuso. Eso no es amor *ahava.*

Sin embargo, en el cortejo, *ahava* se afirma a través del conjunto de la confrontación y la consideración de todas las áreas oscuras, ocultas, del corazón. Si no percibe *ahava* por parte su pareja hacia sus imperfecciones, es señal de que probablemente sea tiempo de separarse en vez de avanzar. Una vez, en la universidad, estaba sentado en mi balcón con un querido amigo la noche antes de su boda, y me dijo: «Amigo, esto es un error».

Le dije: «Oye, hermano, deberías cancelarlo».

Y replicó: «Bueno, su vestido costó tanto, y la cena, tanto».

Yo le dije: «No te puedes casar por haber gastado dinero en una boda. Debes cancelarla».

Él manifestó: «No, nos las arreglaremos».

De modo que le pregunté por qué había dicho que era un error, y comenzó a contarme la dinámica de su relación y describió muchas deficiencias e incompatibilidades.

«Ya no sabemos de qué hablar, no nos conectamos en ningún nivel, y creo que ambos hemos pensado que si nos casamos, esas cosas se solucionarán solas».

Debo decirle que, si en el transcurso del cortejo usted se topa con este muro, no es sabio seguir caminando juntos. Si al surgir los problemas no pueden resolverlos juntos con gentileza y comprometerse a amarse valientemente a pesar de ellos, entonces probablemente no deban proseguir hacia el compromiso y el matrimonio.

Avanzar hacia el compromiso

Cuando una relación se profundiza, las debilidades salen a la luz y surgen los problemas del corazón, pero muchas parejas fingen que los problemas no existen. Recurren a algo para enmascarar el dolor y para ayudarse a evitar el tener que tratar con la creciente seriedad de la relación. Pueden medicarlo con intimidad sexual, haciendo la relación cada vez más física hasta que ya no hay conversaciones verdaderas. O pueden pasar la mayor parte del tiempo en actividades pasivas, ya sea en el exterior, que no involucren la posibilidad de hablar, o en el interior, como ver películas. Tratar de adormecer la dificultad y evitarla provee la ilusión de intimidad porque la pareja está pasando tiempo junta y permanece físicamente conectada. No obstante, es un falso sentido de intimidad, porque está fuera de los límites bíblicos para una pareja en esta etapa. Las personas que se encuentran en esta situación ya no están realmente aprendiendo nada uno del otro; más que nada, solo se están usando uno al otro, fingiendo ser adultos, tratando de hacer cosas de adultos, incluyendo las cosas que vienen con el privilegio del pacto matrimonial sin hacer verdaderamente el compromiso ni trabajar realmente en la relación. Los resultados son absolutamente devastadores.

Salomón y la Sulamita se dieron cuenta que esto es un verdadero peligro. Percibieron: «Oye, tenemos asuntos en los que necesitamos trabajar. Antes de ser libres para encender el lado físico de nuestra relación, desaceleremos la marcha». Querían asegurarse de que hubiera crecimiento, así no terminarían usándose e hiriéndose uno al otro.

La trayectoria que siguieron fue sólida, y sigue siendo sólida espiritual y relacionalmente para nosotros hoy día. Se respetaron mutuamente, cuidaron uno del otro, pasaron tiempo conociéndose y se ministraron uno al otro. Buscaron consejo. Se sometieron a la Palabra de Dios. Al llegar las dificultades, perseveraron a través de ellas y se comprometieron a mostrar gracia en cada área de sensibilidad.

Así que la relación siguió avanzando, y el segundo capítulo de Cantares termina así: «Mi amado es mío, y yo suya; él apacienta entre lirios. Hasta que apunte el día, y huyan las sombras, vuélvete, amado mío; sé semejante al corzo, o como el cervatillo sobre los montes de Beter» (vv.16-17).

Esto fue lo que sucedió: específicamente de parte de ella, hubo una confianza profunda en Salomón porque cuando los problemas surgieron, no huyó, sino que dijo: «Vamos a lidiar con ellos». No trató de adormecerlos; no intentó aprovecharse de ella cuando se sentía débil y vulnerable. Avanzaron más despacio, trabajaron en sus asuntos, y mire cómo respondió ella:

> Por las noches busqué en mi lecho al que ama mi alma;
> Lo busqué, y no lo hallé.

> Y dije: Me levantaré ahora, y rodearé por la ciudad;
> Por las calles y por las plazas.
> Buscaré al que ama mi alma;
> Lo busqué, y no lo hallé.
> Me hallaron los guardas que rondan la ciudad,
> Y les dije: ¿Habéis visto al que ama mi alma?
> Apenas hube pasado de ellos un poco,
> Hallé luego al que ama mi alma;
> Lo así, y no lo dejé,
> Hasta que lo metí en casa de mi madre,
> Y en la cámara de la que me dio a luz. (3:1-4)

Su deseo por él continuó encendido. Anhelaba estar con él y soñaba con él. ¿Y luego? Lo llevó a casa para que conociera a su mamá. «...y no lo dejé, hasta que lo metí en casa de mi madre».

Idealmente, incluso para parejas adultas viviendo independientemente, cuando la relación se vuelve más seria, deben conocer a los padres del otro si es posible. En esta etapa del cortejo, el tiempo con los padres del otro tiene una gran importancia. Mamá y papá están considerando la inclusión de un nuevo hijo o hija en la familia. Cuando usted se casa, se está uniendo a la familia de su pareja, así que comenzar a experimentar la vida familiar juntos se vuelve más importante.

Este es un paso necesario en el cortejo, y es algo que debe ser continuo, asumiendo que ellos no vivan tan lejos que lo haga imposible. El tiempo con la familia también significa conocer más el uno del otro. Sobre el papel de los padres en el cortejo, John Thomas escribió:

> [Es] mucho más que solo decir: «Bendecimos esta relación». Es ofrecer guía dentro de los límites apropiados,

> y ejemplificar el tipo de relación que le gustaría ver que sus hijos experimentaran. Es ayudarle a evitar los inconvenientes que ustedes han experimentado o visto a otros atravesar. Es animarlos y ayudarlos a desarrollar confianza mientras navegan en nuevas aguas.
>
> En cuanto a los detalles, piense en lo que desea que alguien le hubiera preguntado ahora que tiene el beneficio de la retrospección. Hágale algunas preguntas que lo hagan pensar, como «¿Qué te atrae de nuestra hija? ¿Cuáles son algunas de las cualidades que más admiras en ella? ¿Qué esperas alcanzar o descubrir durante la etapa de cortejo? ¿Qué pasos vas a tomar para buscar la guía de Dios en esta etapa? ¿Qué estás buscando para confirmar que ella es con quien quieres pasar el resto de tu vida? ¿Cómo rendirán cuentas de su pureza durante esta etapa?».
>
> Sus respuestas a esas preguntas que los provocan a pensar deberán darle una buena idea de su seriedad y, al menos, lo pondrán a pensar en cosas que importan. Y sí, debe asegurarse que su hija esté de acuerdo, y que también se le hagan algunas de esas mismas preguntas.[3]

En el cortejo, una pareja se mueve cada vez más hacia el compromiso del matrimonio, incluso si no se han comprometido todavía. De forma extraña, están quizá «comprometidos a comprometerse». En cualquier caso, la idea del matrimonio se convierte en una realidad creciente frente a ellos y, bíblicamente hablando, el matrimonio es un pacto entre dos personas en la gracia de Dios en Cristo, necesariamente tiene el contexto comunal de la iglesia y la familia. La razón por la que los cristianos se casan «por la iglesia» no es para darle un aspecto religioso a la ceremonia, sino porque guardan el pacto matrimonial dentro del contexto de la comunidad del cuerpo de Cristo. Buscar el apoyo y el consejo de la familia es una extensión de ello.

Sé que este tipo de involucramiento familiar puede ser difícil por toda clase de razones, entre las que destaca que muchas parejas cristianas jóvenes vienen de familias no cristianas. Pero en lo posible, funde su matrimonio en el gran tejido de la vida y legado familiar, porque eso puede fortalecer su relación, incrementar su sabiduría y aumentar la sensación de ser parte de algo más grande que ustedes mismos.

El contexto de la iglesia también es importante. Una pareja que busca hacer vida de casados lejos de la enseñanza, discipulado, comunidad y gracia de una iglesia local está haciendo las cosas mucho más difíciles de lo que deberían ser. Sí, su relación les pertenece. No se va a casar con nadie sino con su futuro cónyuge. Pero su matrimonio no existe en el vacío. Debido a que el matrimonio es para reflejar el gran amor sacrificial y santificador que Cristo tiene por su iglesia, tiene sentido conectar su vida matrimonial a una congregación cristiana local.

Cuando una pareja hace el esfuerzo de dar estos pasos durante el cortejo, están haciendo más obvio que están listos para entrar al pacto del matrimonio.

Cómo tratar [todavía] con el creciente deseo sexual

Después de que nuestra chica llevó a Salomón a su casa a conocer a mamá, llegamos a este refrán: «Yo os conjuro, oh doncellas de Jerusalén, por los corzos y por las ciervas del campo, que no despertéis ni hagáis velar al amor, hasta que quiera» (3:5).

Ahora, eso suena bastante familiar, ¿no es así? Ya lo escuchamos antes. Dos veces, a medida que esta relación pasaba a otro nivel, esta joven suplica que las cosas no se vuelvan excesivamente físicas.

Vamos a seguir regresando a esto porque la realidad de la sexualidad está por todo el Cantar de los Cantares. Algunos comentaristas han mencionado que Cantares es principalmente un manual de intimidad sexual. Pese a que el énfasis que ellos hacen puede ser un poco intenso, no necesariamente están leyendo mal la resonancia sexual a lo largo de todo el cantar.

El refrán recurrente «no despertéis [...] al amor, hasta que quiera (o hasta que sea "su tiempo")», es un recordatorio de que, para nuestra pareja interesada sexualmente, únicamente el pacto del matrimonio santificará la consumación sexual.

Si usted se encuentra en una relación romántica en crecimiento, debe interpretar este texto como directamente aplicable a usted. La mujer le está suplicando a *usted*. No deje que su relación se vuelva demasiado física.

Cuando remueve el elemento relacional del sexo (incluso si está casado) y este se vuelve puramente físico, lo que ha hecho es socavar la capacidad de crear y nutrir una intimidad genuina y legítima. El sexo se vuelve esa píldora extraña que puede tomar y que les hace *sentirse* íntimos mutuamente, pero en realidad facilita lo contrario a la intimidad.

¿Alguna vez se ha preguntado por qué cada revista que se encuentra en la caja del supermercado tiene un artículo acerca del sexo que siempre tiene que ver con técnicas?

«Nueve maneras de ser un mejor amante», «Siete puntos que ella desea que toques», y ese tipo de cosas. ¿Por qué las revistas siempre están vendiendo técnicas? Bueno, si tiene sexo con diferentes hombres o mujeres y eso no le proporciona gozo duradero o satisfacción, la única esperanza que tiene para la intimidad y la satisfacción sexual es mejorar su técnica. «Y entonces, tal vez», implica la promesa de las revistas, «si se convierte en mejor amante, ese dolor en su alma se irá. Tal vez si se vuelve un mejor amante, estará satisfecho».

A propósito, por esta razón la pornografía es increíblemente devastadora. Da la ilusión de una promesa de satisfacción en aumento permanente, mientras que, al mismo tiempo, *elimina* gradualmente la capacidad de ser íntimos. La pornografía vuelve al sexo algo puramente físico; y cuando se vuelve puramente físico, pierde la gloria que Dios diseñó que tuviera. De hecho, en el matrimonio, usted pierde esa gloria cuando el sexo se convierte solamente en el acto físico del coito y, definitivamente, renuncia a ella cuando se involucra en sexo extramarital. El sexo fuera del matrimonio es desobediencia deliberada a los mandatos de Dios, que son para su bien, ¡y por lo tanto es una renuncia deliberada a su propio bienestar espiritual, así como a su propio bienestar *sexual*!

La advertencia constante en Cantares 3:5 es oportuna porque el buen deseo de intimidad física probablemente crecerá a medida que la pareja se acerca al matrimonio. Aun a medida que la pareja se aproxima al compromiso, la tentación de «darse algunos permisos», y asumen que la intención de comprometerse autoriza algunas cosas y hace borrosos los límites. El tirón hacia la intimidad física se sentirá casi irresistible en la etapa del cortejo, y la mentira de que «de todas formas nos vamos a casar» será la que deberán abordar y confesar más a menudo.

Esta tentación es muy conocida para cualquiera que ha estado casado y ha pasado comprometido un tiempo considerable. Tal vez la han suprimido, tal vez la han combatido, pero definitivamente apareció. Entre más tiempo dure la etapa de compromiso, o entre más cerca esté la fecha de la boda, la tentación aumenta. «Oye, solo faltan dos semanas, ¿qué son dos semanas?». Pero esa lógica, aparentemente convincente, es exactamente lo que la mujer de Salomón nos «conjura» (o «suplica») que rechacemos. No estaría suplicando si la tentación fuera débil.

Es importante que comprendamos que cuando la Biblia dice «sigan esperando», no está tratando de quitarnos nada. Dios no está intentando robarles una experiencia sino dirigirlos a una mayor. Los argumentos de nuestra cultura son absurdos. Por ejemplo:

> «Bueno, ¿cómo sabrán si son sexualmente compatibles?».
> *Porque soy hombre y ella es mujer.*
>
> «¿Cómo sabrán si van a funcionar juntos?»
> *Bueno, ¡no lo sabemos! Esa es la importancia de un pacto de gracia. Lo resolveremos. Estamos haciendo la promesa de resolverlo con la ayuda de Dios, pase lo que pase.*

Antes de hacer el voto ante Dios, no queremos estropear el placer bueno que Dios ha diseñado para nosotros. No queremos meternos en su camino. Él nos está guiando hacia una realidad mayor que la gratificación sexual, enamorándonos con lo que será lo mejor para nuestro gozo y para su gloria.

Así que, por favor, no piense que Dios es sexualmente reprimido. ¡Espere a que lleguemos al cuarto capítulo de Cantar de los Cantares! Cubriremos esa porción del texto más de cerca en el quinto capítulo de este libro, pero no hay forma en que una persona razonable pueda leer el Cantar de los Cantares y se vaya pensando que Dios es un puritano o que su Palabra se avergüenza del sexo de alguna forma.

El mundo definitivamente no se avergüenza de su actividad sexual, aunque debería hacerlo. Dios, quien diseñó el acto del coito sexual y nos hizo seres sexuales, no tendría por qué avergonzarse. Tiene todo el derecho de explicarnos en su Palabra todo lo que necesitamos saber para hallar el tipo de satisfacción sexual que nos dará gozo y a Él le dará gloria. Esa clase de satisfacción sexual está reservada para el hombre y la mujer dentro del pacto matrimonial como una consumación recurrente y «ratificadora» de su unión. Esa es la forma piadosa y sabia de vivir nuestra sexualidad.

Pero la sabiduría bíblica no es la forma en que la mayoría vivimos. Si usted es una persona soltera leyendo este libro, estadísticamente hablando, usted no es virgen. Es muy probable que, en palabras de Salomón, pero contrario a su consejo, usted haya «despertado al amor antes de tiempo».

Las reglas de conducta no son la única clase de sabiduría que Dios nos da en su Palabra, ni son las mejores, especialmente si hemos de creer en 2 Corintios 3:9. El evangelio es mejor que la ley, y para aquellos que se han involucrado en pecado sexual, hay mucho evangelio al cual recurrir.

Hay dos historias en particular en la Biblia que reorientan radicalmente cómo vemos y comprendemos quién es Dios y qué es lo que ha hecho por nosotros en Cristo Jesús. Ambas historias involucran a mujeres promiscuas.

La primera es la de una mujer atrapada en adulterio. Una turba religiosa y furiosa tomó a la pobre mujer desnuda (dejando al hombre, por razones que probablemente tienen que ver con la misoginia y el prejuicio) y la arrastró hasta los pies de Jesús, esperando atraparlo en una situación complicada. Le dijeron: «La ley dice que esta mujer atrapada en el acto de adulterio debe ser apedreada hasta la muerte. ¿Qué dices tú?».

Solo imagine por un momento que Dios hubiera enviado una turba enfurecida detrás de usted cuando se involucró en un pecado sexual. Imagine la vergüenza de ser descubierto públicamente en su pecado, de ser expuesto espiritual y *físicamente*, de ser arrastrado desnudo frente a una multitud de gente llena de odio gritándole y acusándolo, burlándose y molestándolo. ¿Puede sentir el miedo?, ¿la vulnerabilidad?, ¿la desesperanza?, ¿la desesperación?

Imagine que le han lanzado a los pies de un hombre altamente respetado y justo, y la ley del país dicta que la pena por su pecado es la muerte.

La tormenta de emociones en el interior de esa mujer debió ser sofocante. Remordimiento, temor, vergüenza, desesperación, conmoción, todo al mismo tiempo.

La Biblia, en Juan, ocho, dice que Jesús se inclinó y comenzó a escribir con su dedo en el polvo. No sé por qué, pero siempre he creído que fue lo más maravilloso que pudo hacer. Nadie sabe qué escribió en la tierra, pero después de que garabateó en la arena, Jesús se puso en pie y dijo: «El que de vosotros esté sin pecado, sea el primero en arrojar la piedra».

Desde el más viejo hasta el más joven, los acusadores soltaron sus rocas y se alejaron. Pero esa no es la parte que me impresiona, sino cuando Jesús caminó hacia la mujer, tomó su rostro entre sus manos, tal vez secó todas sus lágrimas, el polvo y la vergüenza (y si había unos ojos que ella no habría querido mirar, esos eran los ojos de Jesús, el hombre más santo que jamás vivió), y le dijo: «Mujer, ¿dónde están los que te acusaban? ¿Ninguno te condenó?».

Ella respondió: «Ninguno, Señor».

Y el santo rey de Israel replicó: «Ni yo te condeno; vete, y no peques más».

Después de leer esto, ¿puede dudar que haya gracia abundante para el más avergonzado de los pecadores?

En otro encuentro, Jesús iba pasando por Samaria cuando se detuvo en el pozo de Jacob al mediodía. Una mujer se aproximó al pozo, y lo interesante es que no era una hora común del día para que las mujeres fueran al pozo. La mayoría iban muy temprano por la mañana o al final de la tarde para evitar el calor, pero esta mujer llegó en el calor del mediodía. La mayoría de los eruditos sospechan que ella quería evitar a la gente. Tal vez tenía vergüenza y no quería tener que soportar las miradas desdeñosas y sentenciosas de parte de las otras mujeres.

En el diálogo que resultó entre esta mujer y Jesús, Él revela que ella estuvo casada múltiples veces y que el hombre con el que ella vivía en ese momento no era su esposo. Parece que era una clase de arreglo de «sexo por renta». Jesús comenzó la conversación con el tema de la adoración; pero, a través de eso, le reveló la realidad de su realeza. Parte de esta realidad, parte de entrar al reino de Dios a través de Jesús como el Mesías, fue la invitación que le hizo: «Quiero darte agua para que no vuelvas a tener sed jamás» (vea Juan 4).

Debemos entender el hecho de que esta mujer había sido tratada como "una fácil", y como resultado, ella se trató a sí misma de la misma manera. Y entonces un hombre judío, que debió haber sido el más sentencioso con ella, le ofreció un refrigerio eternamente satisfactorio.

He sido pastor el tiempo suficiente como para conocer los efectos del abuso sexual. Sé que las mujeres no se convierten en *strippers* o prostitutas porque aspiraban a esas carreras desde niñas. Es un camino largo y oscuro el que lleva a las mujeres a circunstancias como esas. A menudo, es resultado de elecciones desesperadas hechas a raíz del abuso y la opresión. Han sido explotadas por gente en la que confiaban. Cualquier mujer que esté tratando de evitar miradas curiosas y labios burlones también tiene la oportunidad de estar frente al Mesías, sin pecado, aquel que juzgará con justo juicio. Y la respuesta de Jesús para ella no será: «Límpiate a ti misma», o: «¿No te da vergüenza?»

Será: «Quiero darte agua para que no vuelvas a tener sed jamás».

Básicamente, Jesús le estaba diciendo a la mujer del pozo: «Estás tratando de saciar tu sed con esos hombres. Esa sed desesperada que sale del desierto emocional y espiritual de tu vida... quiero darte el agua que satisfaga esa sed para siempre». La respuesta de Cristo para ella estaba llena de tristeza, quebranto, ternura y redención.

Así que, si a usted le han hecho sentirse avergonzado, debe saber que hay buenas noticias. No tiene que rendirse ante la vergüenza. No tiene que vivir lamentándose. No tiene que vivir siempre bajo la oscura nube de la culpa. El santo Dios del universo que ha condenado su pecado y que ha prometido ira para los hacedores de maldad no arrepentidos, le ofrece gratuita, abundante y poderosamente, el perdón total y absoluto *para siempre*. A todos ustedes, los que confían en Jesucristo para salvación, la justicia de Jesús se vuelve suya, la santidad de Él se vuelve suya, la seguridad de Él en el Padre se vuelve suya. Si usted se ha arrepentido y ha creído en Él, su gracia le pertenece.

Cristo ha traído consigo la redención de nuestro pasado y el entendimiento de que Él es capaz de hacer todas las cosas nuevas. De modo que lo que puede pasar en este momento, incluso mientras lee este libro, es que por su gracia usted pueda rendir sus pecados, pedir su perdón y alejarse completamente libre de culpa (vea Colosenses 1:22; Judas 1:24).

Esto es posible, incluso, si está en medio del pecado sexual en este momento. Tal vez sea la voluntad de Dios que se case; incluso, su relación tiene gran potencial para servir al Señor, pero está dañada por la intimidad física antes de tiempo. Ambos pueden arrepentirse.

Hombres: ustedes deben marcar el camino y ofrecerle una disculpa a su mujer, pidiéndole perdón y prometiéndole conquistar su corazón de formas que agraden al Señor. Nunca es demasiado tarde para arrepentirse y comenzar de nuevo por la gracia de Dios.

Ustedes deben creer que Dios no les está deteniendo ni reteniendo el sexo para hacer de su vida un infierno. Tiene algo mejor para ustedes. Y si, como pareja, pueden confiar juntos en Él y creer en la sabiduría de su Palabra y en el consejo piadoso de sus siervos en la iglesia, su relación irá a mejores lugares de los que su intimidad sexual los podría llevar.

Si están dispuestos a arrepentirse en esta área y a abandonarse desesperadamente al evangelio para honrarse mutuamente y trabajar hacia la santificación uno del otro, el día de su boda será muchísimo más dulce.

CAPÍTULO 4

CAMPANAS DE BODA

Uno de los mayores privilegios que tengo como pastor es oficiar ceremonias de boda. Es absolutamente una de mis actividades favoritas. Hay cierta clase de energía presente en el día de la boda. Es la rara ocasión en que todas las personas que la pareja ama se reúnen en el mismo recinto. La gente que tiene mayor influencia y que ha dado forma a la vida de la pareja se ha reunido para celebrar este amor que Dios ha traído su vida.

Y aunque disfruto toda la belleza estética que se produce el día de la boda, desde los vestidos hasta las decoraciones, desde los postres hasta la pista de baile, estoy más interesado en la hermosura que subyace en la belleza que observamos. Así que en cada boda que he oficiado, he pronunciado estas palabras en algún punto de la ceremonia:

> Todo esto es hermoso hoy: las velas y los vestidos, los esmóquines y las flores. Pero hay algo que brama debajo de

todo ello. Y si nos lo perdemos, entonces la ocasión que nos reúne hoy será en vano. Porque la verdadera intención detrás de todo esto es que podamos conocer y asir el amor de Dios por nosotros, su búsqueda de nosotros, su romance por nosotros, a pesar de ser personas que prefieren lo creado en lugar de al Creador.

Lo que trato de hacer en una ceremonia nupcial es resaltar la realidad que da fundamento a la realidad que se ve. Si el punto principal no es la realidad espiritual, perderemos completamente el enfoque. Pues todo el arduo trabajo que conlleva la boda se *desvanece*. El pastel se acaba. La ropa regresa a la tienda donde se rentó. El vestido se guarda. Las decoraciones se van a la basura o se reciclan. Las flores se marchitan. La realidad del matrimonio debe permanecer por mucho tiempo después de que la realidad de la boda se haya disipado.

Cuando oficio, dirijo la atención a Efesios 5:22-33, que explica lo que sucede cuando un hombre pretende a una mujer y entran juntos en una relación de pacto. A la luz de las palabras de Pablo allí (o en cualquier lugar) sobre el matrimonio, el pacto de unión de un hombre y una mujer es un vestigio del amor persistente de Dios y el cariño por su novia, la iglesia. Y lo que vemos en una ceremonia nupcial es un vestigio de la persistencia amorosa y misericordiosa de Dios por nosotros en Cristo.

De modo que es importante dar a Dios tanta gloria el día de la boda, darle crédito por todo el romance, de principio a fin. Queremos regocijarnos en el hecho de qué ocurrió el «Día de la Epifanía» en el corazón del novio. Algo hizo clic, y quiso una mujer. Sí, claro que es un impulso biológico, pero lo es porque Dios inventó la biología humana. El deseo del hombre por una novia existe para mostrarnos que Dios en Cristo deseaba un pueblo.

En una boda celebramos que este hombre ganó los afectos de una mujer. De forma similar, estamos celebrando que Cristo atrajo a su pueblo, alejándolo de los ídolos y de su independencia, hacia su cuidado tierno y amoroso.

Así que cuando esas puertas se abren y toda la gente se pone de pie y contempla a la novia en su deslumbrante traje de bodas, tradicionalmente la ven desplegar un vestido blanco que representa su pureza virginal. La novia puede o no ser virgen en realidad, pero el vestido blanco es un recordatorio de que cada pecador que viene al Salvador es hecho inmaculado en su presencia.

La pareja se hace votos mutuamente porque Dios no los ha llamado únicamente a profesarse amor romántico, sino a profesarse un *tipo* particular de amor, el que perdura, permanece y se compromete.

El hombre promete guiar y sacrificarse. La mujer promete confiar y respetar. Los votos que siguen este patrón reflejan la verdad del evangelio.

Si el evangelio de Cristo Jesús no es el centro de una ceremonia nupcial, es probable que no vaya a ser el centro del matrimonio. Esto sería un gran error, dado que el matrimonio en sí fue diseñado para ser un gran reflector de dicho evangelio.

Comparación entre contrato y pacto

Antes de regresar al Cantar de los Cantares quiero que demos una mirada a Efesios 5:22-33. Este pasaje nos informa sobre lo que vemos cuando un hombre pretende a una mujer y entra en una relación de pacto con ella. El matrimonio es una imagen (aunque imperfecta) de Cristo y la iglesia.

> Las casadas estén sujetas a sus propios maridos, como al Señor; porque el marido es cabeza de la mujer, así como Cristo es cabeza de la iglesia, la cual es su cuerpo, y él es su Salvador. Así que, como la iglesia está sujeta a Cristo, así también las casadas lo estén a sus maridos en todo.
>
> Maridos, amad a vuestras mujeres, así como Cristo amó a la iglesia, y se entregó a sí mismo por ella, para santificarla, habiéndola purificado en el lavamiento del agua por la palabra, a fin de presentársela a sí mismo, una iglesia gloriosa, que no tuviese mancha ni arruga ni cosa semejante, sino que fuese santa y sin mancha. Así también los maridos deben amar a sus mujeres como a sus mismos cuerpos. El que ama a su mujer, a sí mismo se ama. Porque nadie aborreció jamás a su propia carne, sino que la sustenta y la cuida, como también Cristo a la iglesia, porque somos miembros de su cuerpo, de su carne y de sus huesos. Por esto dejará el hombre a su padre y a su madre, y se unirá a su mujer, y los dos serán una sola carne. Grande es este misterio; mas yo digo esto respecto de Cristo y de la iglesia. Por lo demás, cada uno de vosotros ame también a su mujer como a sí mismo; y la mujer respete a su marido.

Lo que Pablo menciona acerca de la sumisión de la esposa y el sacrificio del esposo, ¡particularmente el asunto de la sumisión!, no es precisamente popular hoy día. Pero una razón para que esté ahí en la prescripción bíblica para las relaciones matrimoniales es precisamente porque va en contra de nuestra carne. Con excepción de la profunda obra del Espíritu Santo, las mujeres no quieren someterse a sus maridos. Y exceptuando la profunda obra del Espíritu, los hombres no quieren sacrificarse por sus esposas. De modo que vemos cómo el patrón bíblico para la dinámica matrimonial requiere de la gracia de Dios. Es otra manera en que los matrimonios deben reflejar el evangelio, a medida que el marido y la mujer se niegan a sí mismos, toman su cruz y siguen a Cristo en *su* manera de amar a sus cónyuges.

Definitivamente, ese no es el estilo del mundo. La forma en que nuestra cultura tiende a representar la relación del matrimonio que funciona se asemeja menos al pacto de la gracia y más a un arreglo de negocios.

Si usted es mayor de dieciséis años, es probable que mucha de su vida sea dictada por los contratos que ya ha acordado. Por ejemplo, si tiene un teléfono celular, ha establecido un contrato con el proveedor del servicio celular. Si está pagando un vehículo, está bajo la obligación contractual hasta que lo haya pagado en su totalidad. Si posee una casa, firmó una hipoteca. Si está rentando una casa, firmó un contrato de arrendamiento. Los seguros, la televisión por cable, la mayoría de las cuentas que usted paga, implican entrar en un acuerdo contractual. Incluso usar *Wi-Fi* en algunos lugares públicos supone estar de acuerdo con los términos de su servicio. A donde voltee, hay un contrato que firmar. Vivimos en una cultura de contratos.

A nivel básico, un contrato es un acuerdo que organiza el intercambio de bienes o servicios entre dos partes. Una parte conviene en proveer algo para el otro a cambio de algo más.

En la mayoría de nuestros contratos, ese algo más es dinero. Todo es muy formal, por eso se le llama contrato. No es relacional.

Y esto es lo que significa: Si cualquiera de las partes interrumpe la reciprocidad, si una de las partes rehúsa proveer el servicio o la otra rehúsa proveer el pago, entonces el contrato se rompe y debe ser renegociado o hacerse totalmente nulo.

Por ejemplo, si toma su celular y no funciona, después de haber colapsado porque no pudo revisar el *Facebook*, busca otra manera de ponerse en contacto con su proveedor y se queja. Está pagando bastante dinero; ¿por qué no pueden proveerle un servicio confiable? De igual forma, si deja de pagar su factura, después de que le han añadido suficientes cobros por retardo y le han enviado notificaciones de morosidad, simplemente le van a cortar el servicio. De acuerdo con el contrato, si una de las partes no cumple con el fin del acuerdo, se rompe el contrato y se altera el acuerdo.

Ahora bien, ¿cómo se compara esto a cuando la gente habla del «contrato matrimonial»? A veces, cuando la gente habla del matrimonio, habla de asociarse en una forma buena y bíblica. Pero, a veces, cuando dicen que el matrimonio es una sociedad, lo hacen sonar como si fuera un arreglo comercial. «Necesitan dar cincuenta, cincuenta», dicen.

Pero ese es un consejo terrible. Es mundano. No refleja la realidad del matrimonio, que es un reflejo de la única realidad del evangelio. Después de todo, Jesucristo no dijo a los pecadores que necesitaban redención: «Vamos a partes iguales: cincuenta y cincuenta en este trato».

No, el matrimonio no es un contrato, es un pacto.

Entonces, en la ceremonia nupcial debemos ser cuidadosos durante el tiempo de los votos. La novia y el novio dejan de ver al ministro, se colocan frente a frente, y hacen promesas profundas. Los votos son su profesión pública de compromiso del uno con el otro. En sus votos anuncian ante muchos testigos *lo que tienen la intención de hacer*.

Los votos nunca deben ser contractuales. Nunca, nunca, jamás. Si los votos son explícitamente contractuales, probablemente todos respiremos entrecortadamente y nos demos cuenta de que el matrimonio se dirige a un problema. Desde luego, reconoceríamos que algo está mal si la pareja se ve frente a frente y la novia dice: «Mira, estoy en esto mientras tú podes el césped», o si el novio dice: «Bien, me quedaré en tanto mantengas los platos limpios y la ropa lavada».

Si escuchara votos como esos, yo recuperaría mi regalo y me iría a casa. Pensaría: *No, señor. No van a empeñar esta cosa cuando su matrimonio colapse y arda en cuestión de meses.*

Si escucháramos votos como esos, sabríamos de inmediato que la pareja estaba pensando a nivel contractual. Aunque difícilmente cualquier pareja intercambiaría votos bajo esas condiciones, muchísimas parejas los tratan de esa forma en su corazón. Dado que somos pecadores, nuestras respuestas naturales dentro de una relación generalmente dependen de cuánto saldremos ganando. Tendemos a convertir nuestras relaciones en arreglos contractuales de algún tipo. Nos sacrificaremos por nuestro cónyuge si se lo merece. Nos someteremos a nuestro cónyuge si está de acuerdo con nosotros. Le serviremos si nos retribuye con su servicio. Pero esta clase de pensamientos no se asemejan al misericordioso pacto que Dios hace con nosotros.

En un pacto no hacemos trueques por servicios. No estamos tratando de lograr una exención tributaria. Estamos entrando en una relación en tal manera que nos entregamos el uno por el otro. Los votos no son contractuales. Forman parte de un pacto. Suenan como las promesas tradicionales: «Para bien o para mal, en la riqueza y en la pobreza, en la salud y en la enfermedad, hasta que la muerte nos separe». Ese es el lenguaje de un pacto.

En el pacto matrimonial, el marido y la mujer se entregan el uno al otro. No es cincuenta-cincuenta; es cien-cien. En un momento dado cualquiera de los cónyuges no tendrá un cien por ciento que dar, pero esto no disminuye el compromiso del otro porque no están en un contrato, sino en un pacto. Así como en el pacto de gracia iniciado por Dios para salvar a los pecadores, una parte puede dar cien por ciento aun si la otra parte no da nada.

En un matrimonio centrado en el evangelio, usted se da a sí mismo a su cónyuge sin tener en cuenta los bienes o servicios, porque el verdadero amor es así y porque eso glorifica a Dios.

Si toda va muy bien y al comenzar su vida juntos encuentra que el matrimonio es exactamente lo que esperaba, se queda. Pero si es como cualquier otro ser humano normal y las cosas comienzan a ponerse un tanto problemáticas, y se da cuenta que se casó con una persona pecadora que tenía algunos asuntos raros escondidos, *de todas maneras, se queda*.

Por eso, el matrimonio bíblico es tan serio; y por eso el divorcio también lo es. Efesios, capítulo cinco, nos ayuda a ver el peso de gloria del evangelio. La sumisión es importante. El sacrificio es importante. Son tan importantes, como lo son las buenas nuevas de Jesucristo. Tienen tanto peso como la cruz.

Y al perdonar y amar a nuestro cónyuge pecador, comenzamos a comprender en una escala mucho menor lo que significó para nuestro Dios santo perdonarnos y redimirnos.

La relación de Dios con la iglesia no es contractual; es de pacto. Y lo que nos deja estupefactos acerca del amor de pacto que Dios tiene con la iglesia ¡es que Dios cumple las obligaciones de ambas partes! Dios ha puesto sobre mi vida el mandamiento de amar a mi esposa, Lauren, así como Cristo amó a la iglesia. Ese es el mandamiento de Dios para mi vida, sin considerar si ella corresponde a ese amor o no. Yo no la amo como Cristo amó a la iglesia para conseguir algo de ella; la amo así porque eso es lo que Dios me mandó que hiciera, y es la forma en que Él me ha amado.

Cuando *hay* reciprocidad, cuando ella recibe mi amor, y cuando me regresa aquel amor, es fácil amarla, claro. Pero hay belleza incluso en amar sin respuesta, porque ese amor es realmente desinteresado. Cuando amamos sin expectativa ni promesa de reciprocidad, sabemos lo que significa sacrificarnos y negarnos a nosotros mismos en una forma que de otra manera no lo haríamos. Incluso, en los matrimonios sanos y felices habrá grandes oportunidades para practicar esta gracia en un solo sentido. De hecho, ¡la presencia abundante de gracia en un solo sentido es una señal de un matrimonio feliz y saludable!

Así como en el evangelio, en el matrimonio también podemos comenzar a ver que la gracia que nos atrae nos sustentará. En el pacto de Dios con su pueblo, Él no solo inicia el pacto en gracia, también activa nuestra capacidad de responder correctamente al pacto que Él ha iniciado.

Lo que Dios unió

La fanfarria ceremonial ha comenzado. Se dispersan flores por el pasillo, y la marcha nupcial anuncia que las puertas del templo se han abierto, revelando a la novia en su esplendor, lista para ser presentada. Esta visión es un vislumbre de cómo el Señor ve la suya.

Así es como Jesús ve a su novia: sin mancha ni arruga. Se deleita en ella; se regocija en ella. Para que la ceremonia matrimonial tenga un gozo duradero después de la recepción deben permanecer este deleite y regocijo en los días en los que la apariencia virginal haya desaparecido.

Una de las cosas en las que la pareja casada debe estar completamente sintonizada es en el amor de Dios por nosotros, manifestado al enviar a Jesús a casarse con la novia. Su amor ha sido iniciador; su amor ha sido persistente en buscarnos; su amor ha sido romántico. Pero también ha sido misionero, dado que fue una comisión dada por el Padre. El matrimonio de Cristo con su iglesia es un pacto predestinado, diseñado e inaugurado por el Padre. Es una obra de Dios.

De la misma forma, para que el amor marital perdure, no debe basarse en los sentimientos del esposo y la esposa que experimentan altibajos y discrepan, no solo año con año, sino día a día. El amor debe estar plantado en los propósitos eternos de Dios. Un matrimonio de pacto es una obra de Dios.

Regresando al Cantar de los Cantares, mire el capítulo 3, versículo 6: «¿Quién es ésta que sube del desierto como columna de humo, sahumada de mirra y de incienso y de todo polvo aromático?».

La pareja celebraba que Dios estuvo involucrado en unirlos. El simbolismo aquí busca ser un recordatorio de los hijos de Israel en el desierto. ¿Recuerda cómo eran guiados a través del desierto? Por pilares de humo durante el día (vea Éxodo 13:21-22). Así como Dios guio a los hijos de Israel de la esclavitud a la libertad, así Salomón y su prometida eran guiados por Dios lejos de la autosuficiencia y hacia la gracia liberadora del pacto de unión.

No obstante, debemos ser cuidadosos con esta línea de pensamiento. Aunque creo apasionadamente que Dios obra en el espacio y el tiempo, y que es soberano sobre todas las cosas, nunca he estado particularmente convencido de la idea de que hay un «alguien» para usted. No veo razón para estar de acuerdo con la noción romántica del mundo de que cada persona tiene un «alma gemela» por ahí, esperándole. De hecho, encuentro esa idea opuesta a la idea del pacto, contraria a la gracia. Obliga a los prospectos a cónyuges a una rutina de mantenerse a la altura, de ser investigados y hasta interrogados en vez de que se les considere. Convierte la búsqueda de un cónyuge piadoso en una audición para ser aquel que le «completa». ¿Ve el orgullo sutil en acción ahí, la arrogancia? En vez de considerar de forma apropiada el carácter de un cónyuge en potencia, la relación romántica se convierte en el escrutinio de cada cónyuge potencial para ver si es «la indicada» para usted, como si usted fuera el más importante.

Ningún cónyuge puede completarle. No busque un cónyuge que haga lo que solo Jesús puede hacer.

Aun si fuera verdad que hay una persona para usted por ahí, ¿no es posible que alguien haya hecho un desastre con todo el orden de las relaciones hace, digamos, cincuenta años? Quiero decir que, si tan solo una persona se casó en aquel tiempo con el cónyuge equivocado, haga cuentas, todo el sistema está averiado como un efecto dominó por la imperfección.

Así que deje de buscar a «al indicado». Tiene mayor oportunidad de hallar a un *Oompa Loompa* montando un unicornio, peleando contra Pie Grande.

Sé que Dios es soberano sobre todas las cosas, creo que obra en el tiempo y el espacio. Lo sé porque cuando estaba en la universidad dirigiendo un grupo de estudio bíblico bastante grande, a menudo quedaba en la incómoda situación de que las chicas cristianas se interesaban en mí, excepto que no estaban realmente interesadas en el verdadero «yo», sino en la imagen que tenían de mí debido a mi influencia y posición. También, se volvieron muy buenas en trabajar su imagen, haciendo cualquier cosa que ellas pensaban que yo necesitaba ver en una chica piadosa.

En una universidad cristiana también hay muchas chicas esperando conocer y casarse con alguien que esté en el ministerio. Quieren casarse con un pastor (creo que es porque no entienden muy bien lo que hacemos). Su deseo se forma basado en muchas suposiciones.

Estaba en medio de todo eso cuando conocí a Lauren. Como dije antes, vivíamos a cinco horas uno del otro. Ella sabía que yo dirigía un estudio bíblico, pero no pensaba que estuviera enseñando a mil personas, pensaba que unos cuantos chicos iban a mi apartamento para convivir y para recibir un poco de enseñanza. Desde el inicio, ni la proyección de imagen, ni el interés basado en una idea o aspiración existieron en Lauren. No sabía nada acerca de la impresionante apariencia o reputación. Ella estaba interesada en *mí*.

Yo hallaba eso salvajemente atractivo.

Claramente podía ver a Dios en acción allí. Fácilmente, pude haber sido influenciado por los esfuerzos de otras chicas para impresionarme, o por sus afirmaciones de que se sentían impresionadas *por* mí. Yo sé que Dios estaba en acción porque me llevó a esa relación con una mujer piadosa que no estaba proyectando una imagen. Y me emocionaba mucho la realidad de que alguien quisiera conocerme, no al «yo» predicador, ni al «yo» orador. Solo a mí.

Por más de un año, nuestra relación con Lauren fue de larga distancia, llevada casi enteramente por teléfono aparte de mis visitas de fin de semana. No fue sino hasta después que ella llegó a donde yo enseñaba y dijo: «¡Wow!». Pero yo sabía que me amaba antes de que viera todo eso, así que podía confiar en ella.

Le daré este crédito a la idea de que exista «la indicada». Yo sé que hay «una indicada» para mí. Se llama Lauren. Era Lauren Walker; ahora es Lauren Chandler. Y así es como sé que ella era «la indicada»: ella dijo que sí.

Yo llevo un anillo y ella lleva otro y nos dijimos mutuamente los votos. Porque Dios está en acción en el espacio y el tiempo, debido a que Él es soberano sobre todas las cosas, no entramos en momentos de conflicto y dificultad donde nos hayamos preguntado si pasamos por alto a la persona «indicada». Confiamos en Dios y nos dimos cuenta de que «esa persona indicada» es aquella con la que se tiene un pacto.

La idea de una sola persona «indicada» puede socavar la gracia que Dios da para que el matrimonio sea un reflejo del evangelio, porque puede provocar que dudemos si este pecador con el que nos casamos es realmente «el indicado». Dudamos especialmente cuando no parece «complementarnos» muy bien, cuando no nos sentimos satisfechos en nuestro matrimonio. Cuando comenzamos a sucumbir a nuestros propios intereses, cuando cedemos a tentaciones lujuriosas o cuando de plano nos aburrimos o irritamos, nuestros pensamientos a menudo se apartan de dar gracia a nuestro cónyuge y van hacia cuestionarnos si la razón por la que nos metimos en todos estos problemas es porque no nos casamos con la persona indicada.

Así que esa forma de pensar deshonra el matrimonio, porque este es algo que Dios hace a través de nosotros. Por eso, muchas ceremonias nupciales concluyen con esta advertencia que viene directamente de la boca de Jesús: «Por tanto, lo que Dios juntó, no lo separe el hombre» (Marcos 10:9). Por supuesto, estas palabras a menudo se pronuncian de forma superficial, pero hablan de la profunda realidad espiritual del matrimonio: es algo que Dios ha hecho. Pensar que es menos que eso es subestimarlo.

Salomón y la Sulamita, entonces, comenzaron sus nupcias con una celebración de autoría divina del pacto de la gracia y, por lo tanto, la autoría divina de su matrimonio. Al enviar humo perfumado, estaban diciendo: «¡Miren cómo Dios ha trabajado para unirnos! Miren lo que hemos superado». Su boda fue una celebración de todo lo que Dios había logrado para guiarlos a ese momento.

A medida que avanza Cantares 3, vemos otro aspecto importante de su ceremonia nupcial, otra faceta contextual de su relación que refleja una realidad mayor. Se pusieron en pie frente a amigos y miembros de familia que sirvieron, no solo de testigos de su pacto, sino también como partidarios de este.

La comunidad se regocija

¿Podemos estar de acuerdo que no es una buena señal que en la boda haya miembros de la familia enojados o que la desaprueben? A veces, las bodas se vuelven complicadas debido a personas con influencia en una de las familias que desean socavar el matrimonio desde el primer día. Existía el tradicional llamado, casi al inicio de la ceremonia nupcial, en el que el ministro decía: «Si alguien tiene motivos para objetar esta unión, que hable ahora o calle para siempre». Ahora ya no lo dicen tanto, y me pregunto si es porque mucha gente hablaba y hacía olas.

Ese no fue el caso en la boda de Salomón.

> He aquí es la litera de Salomón;
> Sesenta valientes la rodean,
> De los fuertes de Israel.
> Todos ellos tienen espadas, diestros en la guerra;
> cada uno su espada sobre su muslo,
> por los temores de la noche. (3:7-8).

¿Quiénes eran esos hombres? ¡Los padrinos de boda!

Era una boda épica. Había sesenta padrinos; llevaban espadas, e iban acompañados por sesenta damas que iban engalanadas en bellos vestidos. Salomón y su novia tenían 120 personas que les seguían por el pasillo. Su boda estaba llena de gente que celebraba y les apoyaba, de amigos y colegas que los adornaban en su esplendor ceremonial. Era un espectáculo hermoso, sin duda, pero era indicativo de algo más que la pompa y circunstancia de una boda real.

¿Recuerda el consejero piadoso? ¿Recuerda a los amigos que celebraban? Todos estaban ahí y estaban encantados de estarlo.

Una de las cosas que espero seriamente y me encanta ver en una boda cristiana, es cuando los padrinos presentes son hombres que han caminado junto al novio como amigos piadosos. Han orado por él, lo han animado mientras luchaba por la pureza, y han permanecido con él mientras él deseaba ser el hombre que Dios tenía para pastorear el corazón de su novia. Han luchado juntamente con él. Por eso, uno de mis momentos favoritos, antes de la ceremonia nupcial, es pasar tiempo con los padrinos del novio y escuchar a alguno de ellos decir: «Vamos a orar». Veo a esos jóvenes poner las manos sobre su hermano y rogar al Señor por este matrimonio. Mi esperanza y mi expectativa es que las damas estén haciendo lo mismo.

Lo que vemos en el día de la boda de Salomón es una celebración de lo que Dios ha hecho, no solo a través de la pareja, sino a través de todos los involucrados en su vida. De hecho, Cantares 3:11 nos da una idea de esta realidad: «Salid, oh doncellas de Sion, y ved al rey Salomón con la corona con que le coronó su madre en el día de su desposorio, y el día del gozo de su corazón».

Como padre, definitivamente puedo identificarme con este texto. La madre de Salomón se regocijaba.

Eso es importante. No es fácil para las madres pasar a segundo plano. Es tan difícil, que la Biblia emite el edicto de que el hijo debe dejar a su madre y a su padre y unirse a su mujer. Muy a menudo, las madres de los hombres no quieren convertirse en la segunda mujer en la vida de su hijo. Así que una de las señales de que las citas y el cortejo han sucedido de forma correcta y respetuosa, es que la madre *esté de acuerdo*.

La madre de Salomón vio que esta mujer amaba a su hijo. La observó cautivar el corazón de su hijo. Vio el gozo que llegó a la vida de su hijo con esta mujer. Y fue feliz por ambos. Estaba orgullosa de su nuera. Gozosamente entregó el cuidado femenino de su hijo a su esposa.

¿Podemos comenzar con los papás y sus hijitas? Mi papel como padre de dos hijas es dejarlas listas para que no me necesiten, luego entregarlas a los hombres que les mostrarán el cuidado y el amor de Cristo, que nutrirán su alma como yo he tenido el privilegio de hacerlo desde el segundo en que dieron su primer respiro hasta el momento en el que camine junto a ellas rumbo al altar. Sé que esa es mi responsabilidad. No creo que vaya a ser fácil.

Tengo un amigo querido en Houston cuya hija menor se casó; y cuando el joven se aproximó a mi amigo para pedir la mano de su hija en matrimonio mi amigo dijo: «Hablemos. ¿Sabes lo que me estás pidiendo?».

«Sí», dijo el chico, «sé lo que le estoy pidiendo. Le estoy preguntando si puedo casarme con su hija».

«Muy bien», replicó mi amigo. «Dime lo que piensas que significa eso. Por ejemplo, te das cuenta de lo que he hecho por ella los primeros veinticuatro años de su vida, ¿cierto? He estado en ese lugar al que ella puede acudir para llorar, en donde puede ser honesta sobre sus luchas. He sido el que ha llevado el evangelio a su corazón. He sido su más grande animador, un experto en sus fortalezas, enfrentándome tiernamente a sus puntos débiles. ¿Me estás diciendo que estás listo para eso? Porque si me dices que estás listo, diré que sí. Si no estás listo para hacerlo, diré que no».

Para que un padre diga que sí, y para que se regocije en la boda de su hija, para que un papá lleve a su hija hasta el altar (la hijita a la que cargó cuando era bebé, a la que hizo eructar, a quien corrigió con una nalgada y a quien le enseñó y animó y por quien oró) es un asunto monumental. Para que él se regocije en entregarla a un hombre más joven (generalmente), más ingenuo, confiar las partes profundas del alma de ella a un tipo que sabe poco del matrimonio excepto que quiere estar en uno, no es fácil.

Cuando las citas y el cortejo suceden como debieran, entonces el día de la boda estará lleno de regocijo. Se celebrará que Dios haya estado involucrado. Habrá regocijo en los amigos y los miembros de la familia que estén ahí, incluyendo a mamá y papá.

En este punto en Cantares, el involucramiento de toda la comunidad, especialmente de la iglesia, culmina en un *crescendo* de gozo por la pareja y de adoración a Dios. La reputación de Salomón y su novia fue elogiada por la comunidad. Sus temores fueron consolados por su comunidad. Sus corazones fueron aconsejados por su comunidad. Así que la comunidad se reunió para descansar de este trabajo y comenzar uno nuevo: atestiguar la unión de la pareja y comprometerse a apoyarlos en la nueva etapa de su relación, el perdurable pacto del matrimonio.

El liderazgo sacrificial del esposo

Si regresamos a esa primera unión de pacto en Génesis 3, y vemos donde todo se echó a perder, notaremos algo peculiar e importante acerca de la ruptura relacional entre Adán y Eva.

> Y la serpiente dijo a la mujer: Ciertamente no moriréis. Pues Dios sabe que el día que de él comáis, serán abiertos

> vuestros ojos y seréis como Dios, conociendo el bien y el mal. Cuando la mujer vio que el árbol era bueno para comer, y que era agradable a los ojos, y que el árbol era deseable para alcanzar sabiduría, tomó de su fruto y comió; y dio también a su marido que estaba con ella, y él comió. (vv. 4-6, LBLA).

¿Captó eso? Mire ese último verso. Eva «dio también a su marido *que estaba con ella*». Mientras la serpiente estaba envolviendo a Eva, tentándola para no creerle a Dios y desobedecer sus mandamientos, aparentemente Adán estaba ahí, callado, presenciando toda la escena.

Hay que notar algo extremadamente importante aquí porque establece la ruptura relacional que ha ocurrido en casi cada matrimonio desde este primero: la pasividad. En el día de la boda de Salomón recibimos una visión que tenía el propósito de reflejar el compromiso del novio para resistir la maldición adámica. Nuestro novio piadoso estaba determinado a rechazar la pasividad tan predominante entre los hombres en la relación matrimonial.

> El rey Salomón se hizo una carroza
> De madera del Líbano.
> Hizo sus columnas de plata,
> Su respaldo de oro,
> Su asiento de grana,
> Su interior recamado de amor
> Por las doncellas de Jerusalén. (vv. 9-10)

Ahora bien, lo que ocurrió en el día de la boda, después de la visión de la bella novia y la comunidad regocijándose, fue una visión de la fuerza de Salomón. Los testigos de la ceremonia se maravillaban de su poder. Vieron que era fuerte, fornido, regio y solemne.

Esto le sonará raro, pero es significativo por la precisa razón de que la Biblia continúa diciéndonos que la raíz de pecado que ha plagado la masculinidad caída es el pecado de la pasividad. Puede verse una y otra vez, avanzando desde Génesis 3, ya sea Abraham mintiendo acerca de su esposa o Moisés poniendo excusas al responder al llamado de Dios, o Noé desplomado en una pereza de borracho después del diluvio... la lista sigue y sigue. Escoja a un hombre que tropieza y cae de manera increíble, y sus pecados siempre están arraigados en alguna pasividad fundamental. Esta pasividad se caracteriza normalmente por negarse ejecutar lo que Dios ha llamado al hombre a hacer.

Lo que vemos en la historia de Salomón es un rechazo impresionante a la pasividad. Está comprometido inexorablemente con el corazón de su novia. Recuerde, él saltaba como ciervo sobre los montes. Fue persistente. Trató de enamorarla desde la hendidura de la peña. No era un hombre pasivo. Por lo tanto, su fuerza y liderazgo fueron celebrados el día de su boda. Él fue buen mayordomo de su poder.

Hombres, permítanme suplicarles: la mayor lucha de su vida no es contra la lujuria. Pueden creer que sí, pero no lo es. La mayor lucha de su vida será rechazar la pasividad que ha infectado sus corazones desde la caída. Su estándar natural, especialmente en lo que se refiere al liderazgo sacrificial de su esposa, será la de ser un testigo silencioso.

Algunos dirán: «Tú sabes, Matt, he conocido a muchos hombres que no son pasivos en lo absoluto. En realidad, son muy agresivos».

Y yo diría que esos hombres están sobrecompensando su pasividad.

Ese tipo de conducta agresiva y ofensiva es una falsa masculinidad que prefiere andar por el camino fácil de la reacción y el impulso, en vez de la senda más ardua de la paz, la paciencia y el servicio.

He visto ambos extremos una y otra vez, especialmente en la consejería matrimonial. Demasiados hombres, sencillamente, no quieren liderar. Se niegan a entrar a la lucha. Rehúsan comprometerse. No quieren poseer lo que Dios les ha dado en propiedad.

Dicen que es demasiado difícil.

No les importan las dificultades en el trabajo, los deportes o el gimnasio, o a la hora de arreglar algo, pero cuando se trata de la dificultad de una relación, repentinamente pierden el valor y renuncian. ¡Este desafío en particular es el que más importa!

Mire, es difícil ser un hombre como lo manda la Palabra de Dios. Ser un chico que se afeita es muy fácil. Pero ser un verdadero hombre requiere sacrificio propio. Es dar la vida por el bien de su esposa, por el bien de sus hijos.

Este tipo de compromiso parece evidente en la boda de Salomón. Se vio su intencionalidad. Su compromiso fue público. Su deseo y su capacidad para liderar con fuerza, dignidad y honor se confirmaron claramente.

Este tipo de fortaleza viene del Señor. Hombres: en la mayor batalla de su vida, en el diario morir a sí mismos al rechazar la pasividad y aceptar su responsabilidad, necesitarán depender totalmente de la gracia de Dios en Cristo. Sin embargo, este es un buen lugar para afianzar su confianza porque la Biblia dice que la gracia de Dios es poder.

Podemos ver las marcas del poder de Dios por todas partes en el día de la boda de Salomón. La gracia de Dios daba vida a todo el evento. Y cuando su relación lleve ese patrón, verá celebraciones similares en su propia ceremonia nupcial y, por consiguiente, en su vida de casado.

CAPÍTULO 5

«Y LOS DOS SERÁN UNA SOLA CARNE»

Hemos seguido a nuestra pareja de recién casados a lo largo de su cantar romántico desde su primer encuentro, pasando por las citas, cortejo y justo hasta su ceremonia de bodas. Ahora, sin dejar aspecto alguno de su relación a nuestra imaginación, nos piden que los sigamos a la alcoba de su la luna de miel.

No hay forma de evitarlo. Esto es exactamente lo que estaba pasando en Cantares, capítulo cuatro. Cantaron acerca del sexo de su noche de bodas. Cuando la poesía se interpreta adecuadamente, las acciones descritas son bastante gráficas. Pero no son vulgares o inapropiadas.

Lo que vemos es la efusión y el dar rienda suelta a lo que habían mantenido refrenado por la gracia de Dios obrando a través de la piadosa voluntad para obedecer de la pareja. Salomón y su novia se refrenaron a lo largo de su relación mientras se acercaban más emocional y espiritualmente. Se volvieron muy íntimos en su relación, pero, aunque el deseo sexual mutuo crecía, no despertaron al amor antes de tiempo.

Pero ya es la hora. Han hecho sus votos delante de los testigos de su comunidad y sus familias. Han prometido a Dios y a sí mismos amarse con amor *ahava*, sin importar lo que venga, siempre, hasta la muerte. El pacto fue sellado, y ahora harán el conocido paseo desde la recepción hasta el hotel.

Cuando usted se casa con su cónyuge, si el día de su boda es la culminación de un largo periodo de control físico, probablemente sentirá algo parecido. Quizá aborde un avión hacia su destino de luna de miel, aterrice, rente un vehículo y se dirija hasta la alcoba nupcial. Estará nervioso y emocionado, y un poco asustado, pero muy emocionado y un tanto ansioso, y mucho, mucho muy emocionado. Sabe que lo que ha refrenado todo este tiempo ahora está aprobado.

Hay otra cosa que puede pasar en la noche de bodas, algo que probablemente sucede más a menudo de lo que la gente quiere admitir: cuando una pareja casada finalmente se encuentra sexualmente por primera vez, cuando terminan, pueden pensar: ¿Eso es todo? Entre la acumulación de expectativa, la categoría casi «nirvanesca» que nuestra cultura le ha asignado al sexo, y la larga, larga espera, a veces las expectativas para esa primera vez se exageran. Se le da más peso del que se debería tener. Necesitamos ser precavidos cuando leemos acerca de la primera vez de Salomón y su esposa. Si lo malinterpretamos, nos exponemos a que se roben nuestro gozo.

De forma similar, si ha estado casado por largo tiempo, si tiene hijos, trabaja largas horas, y usted y su cónyuge han acumulado edad, puede leer Cantares, capítulo cuatro y pensar: ¿De dónde salió este cuento de hadas? ¡Es ridículo!

Por consiguiente, necesitamos otra advertencia. Recuerde que este capítulo cubre lo que podríamos llamar «el sexo ideal», sexo en la luna de miel entre una pareja que activamente se ha mantenido casta mientras se conectaban uno al otro en todos los otros niveles. El sexo descrito en Cantares, cuatro, es como la apertura total de una represa para liberar toda la presión maravillosa de la intimidad no sexual que se ha acumulado en su relación. Sus corazones estaban plenos y llenos de esperanza. Lo que se describe es el sexo ideal. No obstante, creo que podemos extraer algunos principios de este texto para nuestra propia vida sexual en un matrimonio de muchos años, incluso si apenas recuerda su noche de bodas o si preferiría olvidarla. Este cuarto capítulo del Cantar de los Cantares nos muestra, desde la perspectiva de Dios, lo que debería ser el sexo. Y comienza por no tener prisa para empezar.

El sexo es romántico

Cuando usted le hace el amor a un alma y no solo a un cuerpo físico, ocurre algo increíblemente poderoso, satisfactorio y hermoso. Cantares 4:1 comienza con una declaración que encuentro increíblemente profunda: «He aquí que tú eres hermosa, amiga mía; he aquí que tú eres hermosa; tus ojos entre tus guedejas como de paloma; tus cabellos como manada de cabras que se recuestan en las laderas de Galaad».

¿De qué está hablando? Bueno, dice algo de los ojos de ella, pero *no estaba* hablando de sus ojos. Estaba comentando sobre su apariencia, pero *no dice* solamente: «Eres muy sexi», o lo que sea. Eso puede algo agradable de escuchar en el momento correcto, si su mujer lo aprecia, pero «Eres muy sexi» no conlleva la profundidad de los sentimientos de él en este momento. Al alabar su apariencia, Salomón realmente estaba *aprobándola* románticamente. Más que eso, se deleitaba en ella.

Así que estaban en la alcoba en su luna de miel. Él llevaba puesto su esmoquin. Ella, su vestido. Él la miró. Estaban completamente a solas. Los sesenta padrinos y las sesenta damas habían quedado atrás. Y al fin juntos, solos, en el precipicio de una intimidad largamente prohibida, él mira profundamente a sus ojos (a su alma, en realidad) y le dice: «Eres hermosa».

«¡Mira!», dijo. «Tú eres hermosa». Estaba cautivado por ella, por su cuerpo y su alma. No dijo: «Me gustan tus ojos». Fue más profundo. Siguió extrayendo poesía. No apagó la poesía cuando finalmente se casaron, como si el trabajo ya estuviera hecho, y todos sus esfuerzos románticos fueron simplemente para hacer que la mujer dijera que sí para poder poner la relación en piloto automático. Le dijo: «Tus ojos son como palomas... tus cabellos como manada de cabras que se recuestan en las laderas de Galaad».

Ahora bien, en caso de que no se haya dado cuenta, probablemente va a necesitar actualizar su lenguaje un poco. No trate de decirle exactamente eso a su esposa. No deje el libro a un lado, ni tome a su esposa en sus brazos diciéndole: «¡Oye! Tus cabellos me recuerdan a las cabras». Probablemente no se escuche muy bien hoy día, y tal vez la cosa termine diferente para usted de como le fue a Salomón. No robe sus palabras, pero tome su idea.

Salomón siguió evaluando su belleza y respondió con poética aprobación:

> Tus labios como hilo de grana, y tu habla hermosa;
> Tus mejillas, como cachos de granada detrás de tu velo.
> Tu cuello, como la torre de David, edificada para armería;
> Mil escudos están colgados en ella,
> Todos escudos de valientes. (vv. 3-4)

Nuevamente, está muy claro que estos dos se guardaron el uno para el otro, porque hemos visto todo el romance desde el principio. También queda claro que el romance no se detuvo el día de la boda. Fue transportado hasta la noche de bodas. Ni siquiera se habían desvestido y Salomón comenta sobre la presencia cautivadora de ella.

Este es un principio muy importante de recordar, especialmente para los hombres. Maridos, noten cómo procedió Salomón. No se precipitó ni fue rudo. Ni siquiera la había tocado todavía. Usó los primeros momentos en los que la intimidad comenzaba a crearse para decirle esencialmente: «Tu alma es hermosa».

No tenía prisa. Miró su belleza y fue paso a paso, alabándola lentamente: sus ojos, su boca, sus mejillas, su cuello. Todo esto es muy, muy romántico. Note que ni siquiera había ido más allá del cuello (¡todavía!). No dijo: «Qué ojos tan lindos... ¡y esos pechos!». No, él se tomó su tiempo. Comenzó por arriba y fue bajando lentamente, repartiendo halagos en una manera muy medida.

Mientras lo hacía, ¿qué cree que pasó con los nervios de ella, su temor, su inseguridad? Si se hubiera apresurado y la hubiera agarrado enseguida, ella se habría puesto a la defensiva otra vez. Pero lentamente la desarmó antes de desvestirla. Sabemos por los capítulos previos que probablemente ella lidiaba con algunas inseguridades sobre su cuerpo y su apariencia, como casi toda mujer lo hace. Salomón sabía esto. Y como era muy sabio, también sabía que las mujeres inseguras no se sienten a salvo. Ni se sienten libres ni desinhibidas sexualmente.

Existe una vieja canción de *country* llamada *Older Women (Are Beautiful Lovers)* [Las mujeres mayores (son mejores amantes)] —probablemente no la tenga en su lista de *Spotify*—, pero es muy interesante y cierto lo que esta canción de Ronnie McDowell dice: que entre mayor es la mujer, más cómoda se siente con su cuerpo. Se siente mejor con quién es. Me parece que la canción es como una celebración a esa idea. Salomón no se casó con una mujer mayor, pero comprendía el mismo principio: a menos que, y hasta que su esposa sintiera confianza en sí misma, y se sintiera confiada de que Salmón confiaba en ella, no estaría lista para entregarse completamente a él.

Por supuesto, también estaba consciente de que las mujeres no se excitan de la misma forma que los hombres. A diferencia de ellos, la mayoría de las mujeres no están sexualmente «listas para comenzar». Necesitan algo de tiempo, algo de preparación. Probablemente ha escuchado el viejo adagio de que las mujeres no son hornos de microondas, sino ollas de cocimiento lento. Así que Salomón la fue preparando. Y lo que vemos es su lentitud, su poesía, su sabia comprensión de cómo ella estaba diseñada y de que lo que necesitaba escuchar era que el sexo marital conforme a la Palabra de Dios es romántico.

El sexo es tierno

Lo que Salomón hizo para galantear a su esposa inició niveles más profundos de intimidad y vulnerabilidad. Como resultado, a medida que progresa este capítulo, veremos un incremento en su actitud receptiva. Enseguida, él avanzo a contemplar su belleza física con más detalle.

«Tus dos pechos, como gemelos de gacela, que se apacientan entre lirios» (4:5). Su vestido estaba, por lo menos, mitad abajo mientras que ella estaba desnuda de la cintura para arriba frente a él, y él siguió alabándola, elogiando poéticamente sus pechos.

Esta metáfora puede ser un poco difícil de descifrar, pero veamos si puedo explicárselo. Las gacelas son un tipo de ciervo, ¿cierto? Ahora bien, si viera dos cervatillos pastando entre los lirios, ¿cómo se acercaría a ellos? Vamos a suponer que tiene un sentido de apreciación por la naturaleza. ¿Qué hace? Bueno, por ejemplo, no derriba a los cervatillos. Se aproxima a ellos sigilosamente y con cautela. Y si no escapan, entonces se aproxima lentamente, no los toma por el cuello cuando está ya ahí, ¿correcto?

¿Me está siguiendo hasta aquí?

En esta parte del texto vemos que el sexo marital no solo es romántico, sino también suave.

A menudo, escucho a hombres quejarse sobre la frecuencia del sexo en sus matrimonios, pero puedo darme cuenta, por las cosas que dicen y la forma en que lo hacen, que ellos mismos pueden ser su peor problema. Quiero decirles: «Quizá si deja de manosear a su esposa, ella estaría más interesada».

Las mujeres responden a la lentitud y a la amabilidad. Una vez que usted haya alcanzado el punto del coito, ella podría querer que se mueva más rápido y la toque con mayor firmeza, pero la mayoría de las mujeres no pueden llegar hasta ese punto a menos que se sientan atraídas a ello. Quieren sentirse seguras y a salvo. Quieren sentirse abrazadas más que agarradas, cuidadas más que manoseadas.

No cometa errores: Salomón miró los pechos desnudos de su esposa. Iba a tocarlos y besarlos. Quería ir más allá. Pero durante todo el asunto iba a comportarse con evidente ternura. Estaba interesado en mucho más que su propia gratificación; quería que su esposa también sintiera placer sexual, pero más allá de eso, quería que se sintiera amada.

Esta es otra razón por la que la pornografía es tan peligrosa. Hace sexualmente estúpidos a los hombres. Puede creer que le muestra cosas avanzadas, técnicas perfectas, la cúspide de la actividad sexual, pero solo es una medida compensatoria. Y en realidad es menos que eso porque es falsa. Esos actores tal vez puedan estar teniendo sexo en realidad, pero todo lo que están haciendo es actuar. No están haciendo el amor. Y toda la escena no es un retrato fiel de dos personas expresándose amor mutuamente mediante el sexo, sino más bien una fachada, un ardid, una ilusión de intimidad. Todo eso está diseñado para satisfacer al espectador masculino; es sexo tal como un hombre lujurioso lo pueda imaginar.

Cuando los jóvenes se entrenan con pornografía, y se casan, luego esperan cosas de sus esposas en las que ellas no tienen interés o ni siquiera pueden hacer. Esto produce frustración, ira, vergüenza e inseguridad. La pornografía no le muestra qué es el sexo; le enseña lo que es la lujuria masculina.

El sexo tal como Dios lo creó es muy romántico, y sí, es muy intenso, pero también muy tierno. Aunque sí hablaremos de esa intensidad.

El sexo es apasionado

En Cantares 4:6, nuestro recién casado declara desde el gozo de la alcoba nupcial: «Hasta que apunte el día y huyan las sombras, me iré al monte de la mirra, y al collado del incienso».

En caso de que no me vaya siguiendo, prácticamente dijo: «Vamos a estar aquí un buen rato». ¡Quería hacerlo hasta que saliera el sol! Cuando hablaba del monte y del collado, no estaba hablando de salir a caminar. Se estaba refiriendo a ella, o a ciertas partes de ella, y cómo pretendía encargarse de ellas por un largo, largo rato.

Es importante tomar esto en consideración; porque, aunque podemos ver en el texto que el sexo marital debe ser romántico, tierno, no es fríamente metódico. Él se mostró refrenado en ese tiempo del juego previo, pero no estaba falto de pasión. Estaba embriagado por ella. Quería más. El fuego sexual que ardía en su interior (que Dios puso ahí para su esposa) se ponía más y más ardiente. Dios no solamente quiere que el sexo matrimonial sea romántico y tierno, sino también quiere que sea apasionado.

El sexo descrito entre nuestros recién casados es emocionante. Es decir, no sé en realidad si Salomón tenía el vigor para hacer lo que dijo que iba a hacer, pero de seguro quería intentarlo. En esencia, lo que dijo es más intenso que lo que planeaba hacer con ella. Básicamente estaba diciendo: «No me voy a ir a ningún lado. Aquí estoy. No hay otro lugar en donde quiera estar». Ya sea que fueran lento o más rápido, no la estaba preparando para un «¡pum! ¡pam! ¡gracias, madame!». No estaba viendo su reloj, mirando televisión por encima del hombro de ella, pensando en el trabajo, o pensando que tenía que arreglar el jardín. Estaba totalmente presente en el momento, y le afirmó *que no quería que ese momento terminara.*

Esto es lo que debemos desear que sea el lecho marital. No de prisa, ni con apuros. No con mil asuntos diferentes en la cabeza. Sin distracciones, sin interrupciones. Idealmente, el sexo está tan lleno de amor que se desarrolla y se aviva a sí mismo y sigue atizando la pasión a medida que progresa.

Tome en cuenta el capítulo 4, versículo 7: «Toda tú eres hermosa, amada mía, y no hay defecto en ti» (LBLA).

No se da por vencido, ¿o sí? Cuando dijo: «Toda tú eres hermosa», se supone que asumamos que la vio completamente. Estaba completamente desnuda. Culturalmente, era una época en la que la figura de la mujer estaba completamente escondida bajo el vestido. No usaban ropas entalladas. Así que, probablemente, era la primera vez que Salomón pudo mirar el tamaño de sus pechos, la redondez de sus caderas o la forma de sus piernas.

¡Ella también debió haber estado nerviosa por eso! ¿Qué pasaría si hubiera visto algo que no le gustara? ¿Hubiera él podido ocultar su decepción? Probablemente ella estaba pensando: *Espero que le guste, espero que me apruebe. Espero no decepcionarlo.*

Salomón no perdió ni un momento. «No hay defecto en ti», le dijo. Vio a su esposa de pie, desnuda frente a él, y en el momento que cada pareja casada debe experimentar, tuvo la oportunidad de aportar gracia en vez de juicio. Como aquella primera pareja de la historia, estuvieron expuestos el uno al otro. Antes de que el pecado entrara al mundo, Adán y Eva estaban desnudos «y no se avergonzaban». Ese es el espíritu de la sexualidad, la intimidad y la seguridad que cada pareja casada debe esmerarse en alcanzar, siendo el esposo quien tiene la responsabilidad de dirigir el camino.

Salomón y su esposa estaban en la alcoba nupcial, desnudos y sin avergonzarse. Él procuró que su esposa se sintiera cómoda debido a su amor por ella. Y estaba *enamorado* de ella. Estaba loco por ella. Nada podía cambiar eso.

> Ven conmigo desde el Líbano, oh esposa mía;
> Ven conmigo desde el Líbano.
> Mira desde la cumbre de Amana,
> Desde la cumbre de Senir y de Hermón,
> Desde las guaridas de los leones,
> Desde los montes de los leopardos (v.8).

¿Qué rayos estaba pasando? ¿Se aburrieron y se fueron al zoológico?

No, él estaba loco de pasión por ella. Había cumbres de montañas, animales salvajes, una ferocidad romántica y *pasión* se estaba llevando a cabo. ¡Se estaban transportando! Tal vez haya escuchado de algunos encuentros sexuales descritos como experiencias extra corporales. Esta era una de ellas. Se sintieron encandilados. La pasión era tan grande que este sexo se convirtió en más que sexo y gratificación física. Se convirtió en la culminación y el medio para algo mayor, algo más allá de sí mismos.

Salomón alzó su voz diciendo: «Ven conmigo», y de esa manera demostró la forma gentil en que la estaba dirigiendo hacia un placer apasionado. «Aférrate a mi amor», decía. «Quiero llevarte a las alturas deslumbrantes del amor». Un comentarista observó: «Esto parece ser simplemente el novio regocijándose por la novia, queriendo decir: "Entrégate a mí, eres mía; no mires el pasado, y deléitate en el futuro"».[1]

La pasión en su relación sexual no se trataba simplemente del apetito y los impulsos sexuales. Era un indicativo de la meta del matrimonio, que un hombre y una mujer se vuelvan «una sola carne» (Génesis 2:24). Se estaba llevando a cabo una verdadera unión. Se estaban convirtiendo en algo diferente.

Cuando un esposo y una esposa se conectan en verdad sexualmente, la pasión puede ser irresistible. Si está casado, quizá conozca muy bien esta experiencia. Puede ser que no suceda de la misma forma cada vez; pero cuando ambos están en total sincronía, encendiendo todos los cilindros, y el encuentro sexual se lleva acabo después de una obvia conexión emocional y espiritual, eso es completamente diferente a solo «tener sexo». Y la lengua poética de Salomón no puede y no quiere detenerse:

Prendiste mi corazón, hermana, esposa mía;
Has apresado mi corazón con uno de tus ojos,
Con una gargantilla de tu cuello.

¡Cuán hermosos son tus amores, hermana, esposa mía!
¡Cuánto mejores que el vino tus amores,
Y el olor de tus ungüentos que todas las especias aromáticas!
Como panal de miel destilan tus labios, oh esposa;
Miel y leche hay debajo de tu lengua;
Y el olor de tus vestidos como el olor del Líbano (vv. 9–11).

La besó apasionadamente, sensualmente. La encontró *deliciosa.* Sin ánimos de criticarlo, se puede decir que su apasionado amor por ella era goloso. Describir su sabor como néctar y miel y leche era una forma de decir que se estaba dando un festín con la pasión de ella. Y, de hecho, en Cantares 5:1 [NVI], se les dice a los amantes «embriáguense de amor». Muy similarmente al joven esposo se le dice en Proverbios 5:19 [LBLA] que se embriague para siempre en el amor de su esposa.

Obviamente, hay maneras en que la lujuria y los apetitos no controlados pueden disfrazarse como pasión. Necesitamos esforzarnos en no confundir la pasión con rapidez o contundencia. Todo, desde la pornografía hasta las novelas románticas, parecen equivocarse en eso, casi siempre combinan la pasión con la rudeza. Una pareja casada puede avanzar hasta un grado de mayor vigor en el sexo, donde ambos concuerdan en que es apropiado, por supuesto, pero el romance y la ternura deben permanecer. Y la pasión que vemos aquí, tan palpitante y embriagadora, no fue la forma en que comenzó el sexo. Ni fue el ritmo de uno contra la resistencia del otro. En vez de eso, esta pasión era el resultado de que el esposo y la esposa estuvieran muy conectados en todos los niveles, y se fue generando a partir de toda la seducción y la galantería previa al coito, que se estremecían, se excitaban y se apasionaban juntos.

No hay límite para esta clase de pasión. Betsy Ricucci escribió: «En el contexto del amor contemplado en el pacto y del servicio mutuo, ninguna cantidad de pasión es excesiva. Las Escrituras dicen que nuestra intimidad sexual debe ser palpitante».[2]

Cambiar este tipo de pasión tan libre, divertida y ardiente como puede ser, por lo poco que proporcionan los impulsos libidinosos es degradar el sexo, que es algo que aun las parejas casadas pueden hacer. El que una pareja casada acceda a cierta conducta sexual no santifica esa conducta. Hay una forma en que incluso las parejas casadas cristianas tienen sexo «en pasión de concupiscencia, como los gentiles que no conocen a Dios» (1 Tesalonicenses 4:5).

La pareja de Cantares poseía una pasión semejante a la adoración. Estaba inundada con gloria, no se trataba de impulsos, sino de unción.

La unión de esposo y esposa llega a la realización mediante la intimidad sexual, y esto convierte su relación sexual en algo más que sexo. Por eso, hablando bíblicamente, el sexo tiene un carácter sagrado.

El sexo es santo

La pasión continúa mientras avanzamos a través del cuarto capítulo, pero el tono cambia un poco. Parece evidente que su experiencia apasionada les reveló algo especial acerca del sexo marital, algo que el sexo fuera del matrimonio nunca podrá ser. Salomón dijo:

> Huerto cerrado eres, hermana mía, esposa mía;
> Fuente cerrada, fuente sellada.
> Tus renuevos son paraíso de granados, con frutos suaves,
> De flores de alheña y nardos;

Nardo y azafrán, caña aromática y canela,
Con todos los árboles de incienso;
Mirra y áloes, con todas las principales especias aromáticas.
Fuente de huertos,
Pozo de aguas vivas,
Que corren del Líbano. (vv. 12–15)

Lo que sabemos de Salomón gracias al libro de Eclesiastés es que le gustaba la botánica. No solamente construyó jardines, sino también bosques nacionales completos. Su buena mano para la jardinería era increíble. Pasó una gran parte de su vida construyendo jardines en Jerusalén. De hecho, si nos pudiéramos subir a un avión y sobrevolar Jerusalén de oeste a este, veríamos unos grandes cráteres que se conocen como las Piscinas de Salomón. Las construyó para irrigar los bosques que sembró. Este tipo sabía lo que hacía.

Entonces, lo que hizo en este pasaje fue listar las plantas, flores y especias más raras, más caras y más codiciadas. Y compara a su esposa con ellas. Dijo: «¡Tu cuerpo es como un huerto imposible, un jardín de ensueño, de mitología!». Porque no se puede cultivar canela en el mismo lugar en el que se siembran granadas, por ejemplo. Pero, mientras él bebía apasionadamente del cuerpo de ella, mientras sus almas se mezclaban en lo más puro del sexo marital, él proclamó: «Tu cuerpo es el lugar más perfecto, y ha sido descubierto por primera vez».

Piense en las legendarias ciudades perdidas de Atlantis o El Dorado. Lugares de leyenda, que, de existir, han estado ocultas por siglos.

La comparó con el descubrimiento de un jardín perdido que solo existía en su imaginación; había estado cerrado y oculto por años. Hasta que él lo descubrió.

Pero esto era más grande que solo un mito que resulta ser verdad. Fue un descubrimiento paralelo de la maravilla de la gloria de Dios. Aquí se considera la libertad del lecho matrimonial en relación directa, por ejemplo, con entrar al Lugar Santísimo después de haber tenido prohibido el acceso por mucho tiempo.

No quiero exagerar. Esta es una analogía, no una ecuación. Pero es una analogía buena y bíblica. Había algo *santo* llevándose a cabo entre marido y mujer. Era sagrado, especial y único.

La palabra «Santo» a menudo se ha definido como «ser apartado para un uso especial». El sexo cabe precisamente en esa descripción. No es para todos. Está separado para uso especial dentro del matrimonio. El sexo es santo.

En aquel momento, Salomón, en cierta forma, estaba diciendo: «¿Sabes?, podría tener coito con cualquier mujer, pero lo que está pasando aquí está por encima de nuestro cuerpo físico y de simplemente sexo». Se había edificado una amistad. Había amor sacrificial verdadero. Había cuidado genuino por el alma.

Físicamente hablando, la pasaron muy bien, por supuesto, pero había algo tras su deseo de tocarla que era mayor que la testosterona o el deseo de un orgasmo. Como escribió C. S. Lewis: «Los placeres son los ejes de la gloria cuando esta enciende nuestra sensibilidad... Haga de cualquier placer en un canal de adoración».[3] Estaba refiriéndose a la necesidad cristiana de hacer un seguimiento retroactivo para encontrar su fuente en Dios, quien es el dador de toda buena dádiva (vea Santiago 1:17), para que Él pueda recibir gloria.

Por eso el sexo es santo, fue diseñado para recordarnos al Dios que nos lo dio, quien se regocija en la unión con su pueblo. No necesitamos espiritualizar de más al sexo para verlo de esta forma; simplemente necesitamos abordarlo de la forma en que la Biblia lo ordenó y estar agradecidos por ello. Ver el sexo como algo santo también nos ayuda a amar a nuestro cónyuge más fuertemente. Gary Thomas escribió:

> Ciertamente, el sexo se trata del toque físico; pero se trata de algo mucho más allá que solo eso. Se trata de lo que ocurre en nuestro interior. Desarrollar una vida sexual satisfactoria significa que me preocupo más por llevar generosidad y servicio a la cama, que llevar abdominales marcados. Significa que veo a mi esposa como un templo santo de Dios, no solo como un cuerpo humano tentador. Incluso, significa que el sexo se convierte en una forma de oración física, un retrato de intimidad celestial que compite con la gloria *shekinah* del pasado».[4]

El sexo es recíproco

Hasta ahora, en el cuarto capítulo de Cantares, hemos escuchado solamente de Salomón. Es bueno que él haya tomado el liderazgo en la alcoba nupcial, marcando la pauta para su esposa, de modo que ella supiera que sería romántico, tierno y apasionado, a la vez que mantenía los límites que Dios estableció para el sexo marital. La hizo sentir a salvo y segura, y debido a eso, ella no sintió vergüenza y fue libre y desinhibida.

Ella respondió: «Levántate, Aquilón [viento del norte], y ven, Austro [viento del sur]; soplad en mi huerto, despréndanse sus aromas» (v. 16).

Probablemente, esto significa precisamente lo que usted está pensando.

Salomón la llevó al punto del arrebato. Ella se rindió totalmente.

Él le dijo que era hermosa con el vestido puesto, lo que era importante. Le dijo que era hermosa sin el vestido, que también era importante. Besó cada parte de su cuerpo, tomándose su tiempo, ocupándose de ella en los lugares correctos al ritmo correcto. En Cantares 4:16 lo que ella le dice esencialmente es: «¡Ven!».

El viento del norte, en el simbolismo judío, representa la fuerza. Él dijo que planeaba ocuparse de sus montes y collados hasta el amanecer, y ella replicó: «¡Yo llevo el *Gatorade*!» (No exactamente, pero algo parecido). «Levántate, Aquilón» significa esencialmente: «¡Espero que no hayas terminado todavía!».

Pero el viento del sur es un poco diferente. Como recíproco del viento del norte, representa la dulzura. «¡Tómame!», clamaba ella. «Pero sigue siendo dulcemente apasionado». Ella quería que durara porque lo estaba disfrutando demasiado; ebria de pasión ahí junto a él, extática, excitada y correspondiendo a su amor.

Lo que vemos aquí, en un encuentro sexual ideal entre marido y mujer, es un amor mutuamente placentero y mutuamente expresivo. Puede recordarnos que los hombres desean que sus esposas los deseen también.

Creo que lo que sucede, a veces, cuando hay problemas de intimidad en los matrimonios, particularmente cuando las mujeres tienen problemas de intimidad, es que conocen el deseo de sus esposos por el sexo, pero, de alguna forma, han llegado a verlo como algo sucio o prohibido. O tal vez han llegado a pensar que es pecaminoso que una mujer disfrute del sexo o que la hace impía, no femenina, o impúdica. Así que muchas mujeres tendrán sexo con sus esposos, pero evitarán la intimidad apasionada. Algunas veces existe un bloqueo.

Muchos hombres intentan hacer lo correcto, y tratan de cuidar de sus esposas y se percatan de lo que las complacerá sexualmente, pero la intimidad no funciona. El esposo procederá más despacio, pero la esposa se congela. Él se apresura, pero eso empeora las cosas.

Esta es una de esas áreas en nuestra vida en las que, si no tenemos cuidado, las pequeñas zorras destruirán absolutamente el huerto. Si usted se encuentra en esa situación, considere buscar ayuda con un consejero cristiano de confianza. Tal vez necesite buscar un programa de recuperación de abuso sexual, pornografía u otro tipo de traumas. Puede ser de ayuda especialmente si usted es capaz de ver hacia atrás y señalar las heridas que han impedido la intimidad. Esto no es fácil de abordar, y no es algo ligero de procesar. Es complejo y pesado, y aunque no puedo cubrir la plenitud de su complejidad en el espacio de este libro, no quiero que suponga que es porque no creo que sea importante. Si hay una barrera real en esta área de su matrimonio, si la intimidad (sexual o de otro tipo) está bloqueada por heridas, inseguridades o traumas de su pasado, por su propia salud espiritual y emocional y por la salud de su matrimonio, por favor, busque ayuda.

Mujeres, suponiendo que puedan hacerlo, debo decirles que sus esposos no están buscando que únicamente tengan disposición al sexo, sino que haya entusiasmo sexual. No son lo mismo. Muchas mujeres piensan que todo lo que sus esposos quieren es alivio sexual. Por supuesto, los hombres quieren alivio sexual, pero les sorprendería saber que la mayoría de los hombres no encuentran eso satisfactorio si saben que sus esposas no disfrutaron la experiencia.

En su libro *For Women Only* [Solo para mujeres], Shaunti Feldhahn reveló los resultados de una encuesta profesional con hombres a quienes se les hizo esta pregunta:

> Con respecto al sexo, para algunos hombres es suficiente ser satisfechos sexualmente en cualquier momento que lo

> deseen. Para otros hombres también es importante sentirse queridos y deseados por su esposa. ¿Qué tan importante es para usted sentirse querido y deseado sexualmente por su esposa?[5]

Feldhahn escribió:

> Este tema logró el más alto grado de unanimidad de todas las preguntas: Noventa y siete por ciento de los hombres dijeron que «tener suficiente sexo» no era, por sí mismo, suficiente; querían sentirse deseados.
>
> Un hombre al que entrevisté lo resumió así: «Todos creen que las mujeres son más emocionales que los hombres. Y todos piensan que en lo que respecta al sexo, los hombres solo quieren "hacerlo", y las mujeres están más interesadas en los aspectos emocionales y de sentirse abrazadas. Así que las mujeres piensan que no hay emociones involucradas. Pero ahí *están*, y cuando usted dice "no", está fastidiando todas esas emociones».
>
> Y no es únicamente el «no» a secas el que lastima. La encuesta mostró que *incluso si obtenían todo el sexo que deseaban*, tres de cada cuatro hombres aún se sentían vacíos si su esposa no se involucraba y quedaba satisfecha.[6]

La verdad es que, para los hombres la reciprocidad es extraordinariamente placentera y satisfactoria en maneras en que el simple alivio sexual no lo es.

Ya fuera que la esposa de Salomón supiera esto o no, estaba dispuesta a complacerlo, *y a ser complacida.* «¿De ese mítico huerto del que estabas cantando?», dijo básicamente al final del versículo dieciséis. «Come de su dulce fruta». Ella llamó a su esposo a que se satisficiera en ella y la disfrutara.

Y cuando el sexo es recíproco y mutuamente placentero, se vuelve de lo más satisfactorio para ambos.

El sexo es satisfactorio

¿Salomón y su esposa ya le están volando la cabeza? Este individuo era experto en poesía, y ella quedó fascinada. Él la guio con destreza, y ella respondió alegremente. Pero me pregunto si no estamos teniendo la idea equivocada. Esta fue su primera noche juntos, su primer intento en esto del sexo, y podría apostar que ninguno de ellos fue tan bueno esa noche como lo fueron después de muchos años juntos. Y apostaría que ninguno de los dos tenía muy buena técnica sexual.

Estoy seguro de que aquellos de ustedes que no son vírgenes pueden recordar su primera vez. No sé cómo se calificarían a sí mismos, pero, incluso, si su primera vez fue su noche de bodas y, por lo tanto, fue súper especial, muy probablemente, si son honestos, estaban pensando: *¿Eso es todo?*

Salomón y su esposa se aproximaron maravillosamente hacia la satisfacción, pero hay un indicador de que en ese momento no eran expertos en ello. Eran completamente inexpertos. No habían conocido el cuerpo del otro todavía, así que no los vamos a considerar expertos en cuanto a la técnica. Sin embargo, disfrutaron absolutamente del sexo.

Una vez más, vemos que el sexo no se trata de técnicas sino de hallarnos en el ritmo de cómo Dios lo diseñó. Y mientras doblamos hacia el capítulo cinco, de Cantares, vemos la voz de Dios reflejada en los comentarios de otros, tal vez todavía sonando en sus oídos desde la celebración de su boda: «Comed, amigos; bebed en abundancia, oh amados» (v. 1).

En este punto, Salomón y su esposa habían consumado su matrimonio. Yacían en la cama (¡aparentemente había pasado un día y medio!), y la voz exterior opinando sobre su experiencia de la noche de bodas estaba muy complacida. Toda su experiencia *agradaba* a Dios. «Buen trabajo», dijo. «Bien hecho. Sigan así».

¿Qué tanto complacía a Dios? Quiero decir, estaban relajándose en la cama, tratando de recobrarse, suspirando, «¡Ah, qué llenos quedamos!», y Dios dijo: «Tengan más».

Dios quiere que las parejas casadas sepan que el sexo es un regalo para ellos. Y Dios no da regalos a la gente *para que no* los disfruten. Si le da un filete, quiere que lo saboree. Si le da vino, quiere que lo disfrute. Y cuando da a una pareja el sexo dentro del pacto matrimonial, quiere que se deleiten en él. La NVI traduce el final de Cantares 5:1 así: «...embriáguense de amor». ¿Por qué nos diría que bebiéramos si no quisiera que estuviéramos plenamente satisfechos?

Si pone Cantares, cuatro, junto a cualquier novela romántica o a la par de cualquier sitio pornográfico en la red, no conozco a ningún hombre o mujer, en su sano juicio, que dijera: «Sí, prefiero la película, me quedo con la pornografía». Si usted quiere ver al sexo como Dios lo creó, está en Cantares, cuatro. Cuando usted toma el contexto de lo que llevó a este momento en Cantares, así como las enseñanzas bíblicas sobre el sexo en otros libros, puede ver que Dios no es tacaño con el gozo en lo que se refiere a la sexualidad. Si le da un regalo, quiere que lo disfrute tal como está diseñado para disfrutarse, lo que finalmente le llevará a su satisfacción, no solo con el regalo en sí, sino también con Él como Dador.

El sexo en el Cantar de los Cantares es romántico, dulce, apasionado, santo y recíproco. Debido a todo eso, es profundamente satisfactorio para los dos en la pareja casada y para Dios. Cuando somos mayordomos de la sexualidad en la manera bíblica apropiada, eso nos puede recordar que debemos disfrutar el sexo sin convertirlo en un ídolo, para involucrarnos en él de manera que sirva a nuestro bienestar común, que básicamente es confiar en la gracia de Dios en Cristo.

El sexo se trata del evangelio

Tal vez ha leído Cantares 4 y pensado: ¿Sabe?, esto suena a algo muy bello, pero como persona estoy hecha un desastre, este es un mundo *disfuncional y todo esto parece poco realista.*

Todos hemos sido heridos y estamos lastimados en alguna forma. Todos somos inseguros, temerosos y estamos quebrantados. Tal vez usted sea un esposo que piense: *Ya lo eché a perder. No he liderado a mi esposa como Salomón, así que ya no tiene sentido*. Quizá usted sea una esposa que piensa: *No quiero ser indiferente hacia mi esposo, pero no sé cómo hacer para disfrutar esto*.

Los seres humanos somos muy complejos. Cuando considera el pecado, los traumas, las inseguridades y la ansiedad, nuestro quebrantamiento se vuelve parte de esa complejidad. Podemos comenzar a sentirnos indescifrables, irreparables.

Cuando estaba creciendo, algo que no podía comprender era qué pasaba en la iglesia. Ir a la iglesia siempre me confundió. Todos parecían tan felices, y no podía entender por qué. Si usted es relativamente nuevo en la iglesia, ¿alguna vez ha tratado de comprender por qué la gente levanta las manos? Porque es ridículo, ¿no es así? ¿Están intentando preguntar algo al hombre que está al frente?

O si simplemente no comprende todo esto del cristianismo, puede quedar muy confundido acerca de por qué la gente se vuelve tan emotiva al pensar en Dios. ¿Qué sucede dentro de ellos que, el pensar en un Dios arriba en los cielos, puede hacerlos llorar?

Quiero ponerlo al tanto, porque es algo que he aprendido con el tiempo por la gracia de Dios obrando en mi vida a través del mensaje cristiano. Lo que la gente celebra es que aun cuando estábamos en nuestra peor condición, aun así, Jesús nos amó.

Lo que me hizo amar a Cristo no fue que repentinamente me diera cuenta de cómo vivir. Lo que me hizo amar a Cristo fue que cuando estaba en mis peores condiciones, cuando estaba en mi punto más bajo, cuando no podía en lo absoluto purificarme a mí mismo y no había nadie que pudiera hacerlo por mí, justo en ese momento, Cristo dijo: «Yo me quedo con él. Ese es el que quiero».

Ya sabe que la Biblia llama a la iglesia «la novia de Cristo». Es como estar de pie frente a Cristo, completamente expuestos, todas nuestras fallas e inseguridades y —aún peor— con nuestros pecados ahí, frente a su rostro; y contra todo razonamiento y toda lógica, el canto de gracia se vuelve asombrosa y emocionantemente cierto porque el Novio nos mira y nos declara hermosos. Sin mancha. Justos. Justificados.

Eso es el evangelio. Creyentes, es importante que admitamos que los cristianos no son más morales que cualquiera. La esencia del evangelio y de lo que celebramos no es lo que «nosotros podemos hacer» sino lo que *Cristo hizo*.

La intimidad es difícil para la gente quebrantada. Necesitamos a Jesús. Necesitamos su ayuda. Pero cuando usted se ha acercado más y más a la increíble realidad de que Dios lo eligió, lo perdonó y lo aprobó a pesar de su pecado, todo debido a Jesucristo, esa gracia es satisfactoria y fortalecedora, y puede ser llevada hasta a su matrimonio. Puede transmitirse a la forma en que usted responde a su cónyuge, confiado y libre por la obra de Jesucristo en su vida. Puede transmitirse en la manera en que perdona los pecados de su cónyuge y pasa por alto sus imperfecciones, como una forma de compartir lo que Dios le ha dado.

De esta forma, el sexo se puede tratar del evangelio, si somos lo suficientemente conscientes para hacer que sea así. Si Jesús quiso la versión imperfecta de usted, ¿puede usted hallar la fuerza para querer a su cónyuge imperfecta? En Cristo es posible, solo se debe trabajar y luchar por ello.

Ame el don del sexo y ame a su cónyuge, pero la técnica o el romance no son lo que hace posible el sexo como el de Cantares, cuatro, es Jesús. Él —y solo él— resolvió lo que, en Génesis, tres, estaba tan mal.

¿Puede tener sexo placentero fuera de la vida en Jesús? Claro. Pero no puede ser todo lo que Él diseñó que fuera. Al final, no lo llevará más cerca de la persona con la que está teniendo sexo. Definitivamente, no lo acercará a Dios, quien es el único que satisface completamente. Pero el sexo marital *sí puede* acercarlo a Dios y a su cónyuge, y una de las maneras en que lo hace es cambiando el enfoque en el sexo puramente, y poniéndolo en el evangelio de Jesucristo.

El sexo es bueno, pero no fue hecho para la eternidad. No durará para siempre. De hecho, ni el matrimonio. Así es, el matrimonio y el sexo son buenos, pero Jesús es mejor. Él es mejor que cualquier cosa en la vida. Él es mejor que la vida misma. ¡Él *es* la vida!

CAPÍTULO 6

PELEA LIMPIA

Antes de que le propusiera matrimonio a Lauren, y cuando aún estábamos en la etapa del cortejo, confrontamos ciertos problemas una y otra vez. A la larga se volvió una causa de preocupación. Admito totalmente que había muchas cosas en ese tiempo que yo no manejaba bien y, de hecho, incluso hoy siento punzadas de remordimiento (¡tengo que predicarme el evangelio a mí mismo!). Pero en ese tiempo los problemas recurrentes me llevaron a hablar con David, uno de mis mentores. Le pregunté sobre estas peleas constantes que seguíamos teniendo, y le dije que no sabía qué hacer. Le pregunté: «¿Debo casarme con una mujer con la que me sigo peleando? ¿No deberíamos ya haber superado esto? Ni siquiera nos hemos casado y ya estamos peleando».

Nunca olvidaré lo que me dijo David: «Hermano, vas a pelear con alguien por el resto de tu vida. ¿Quieres que sea Lauren?».

Me estaba diciendo que cuando uno se casa, los conflictos no se van a ningún lado. Es decir, yo ya lo sabía en parte, pero supongo que pensé que debía de ser más fácil si se halla a la mujer correcta. Eso era exactamente lo que David resaltó. «Matt, ¿es Lauren la persona con la que quieres pelear el resto de tu vida? Con quien te cases, vas a pelear. Si no es Lauren, será alguien más».

Sin lugar a duda, pude haber tomado su consejo como algo desalentador. Pero lo hallé tanto alentador como refrescante. La verdad es que ninguno de nosotros ha «llegado». Y de este lado del cielo, nadie lo hará. Todos estamos siendo santificados, y siempre estaremos en el proceso de santificación hasta que el Señor regrese y seamos llevados en gloria. Hasta entonces, podemos tener áreas de victoria en nuestra vida, lugares en los que mejoramos y aprendemos a ser mejores al arrepentirnos; pero la carne siempre estará ahí. Siempre seremos imperfectos en alguna manera, nunca seremos perfectos.

Necesitamos recordar cada día que somos pecadores, y ser pecadores significa ser fundamentalmente egocéntricos, y eso significa, también, que estamos destinados a tener conflictos en nuestras relaciones.

Dado que el proceso del Espíritu para la santificación es progresivo, nunca estaremos donde debemos estar, pero Dios en su gracia usará las circunstancias y las relaciones de nuestra vida para afilarnos, darnos forma y hacernos cada vez quienes Él quiere que seamos.

Uno de mis libros favoritos sobre el matrimonio fue escrito por Gary Thomas. El título es *Sacred Marriage* [Sagrado matrimonio], y el eslogan del libro es: «¿Y si Dios diseñó el matrimonio para hacernos santos más que para hacernos felices?». Literalmente, compré el libro por ese eslogan. Tiene muchas agallas. Algunas personas pueden ver ese subtítulo y pensar: ¿Se supone entonces que me haga santo, pero infeliz? Probablemente, no están pensando: *Muy bien, démosle una oportunidad.* Un autor probablemente vendería más libros sobre el matrimonio si prometiera a sus lectores felicidad absoluta.

Pero compré el libro porque me encantó su honestidad y autenticidad. Es muy bueno porque no evade el propósito verdadero del matrimonio, que es glorificar a Dios, y es completamente veraz acerca de cómo lo diseñó Dios para darle gloria. Una parte integral del diseño del matrimonio es la obra santificadora que tiene lugar entre dos pecadores en cercana proximidad, aprendiendo a amarse mutuamente.

La conclusión es esta: el conflicto será parte de su relación. Será parte, incluso, de la más saludable, la más romántica y la más apasionada de las relaciones. De hecho, he hallado que entre mayor pasión se tenga en el *amor*, a menudo se traduce en mayor pasión al pelear. Los tipos de personalidad apasionada tienden a hacer las dos cosas muy bien.

Uno de mis mejores amigos tiene una personalidad extremadamente apasionada, muy gregaria, muy irritable. Y se casó con una mujer que es muy similar en ese sentido. Recuerdo que cuando comenzaron a salir, yo pensaba: ¡Santo cielo! ¿Qué pasará si tienen hijos? Y efectivamente, como era de esperarse, después de más de una década de matrimonio y varios hijos, todavía se aman mucho y todavía pelean muy a menudo.

Tal vez encuentre extrañamente confortante saber que el conflicto es una parte natural de estar casado. No significa que siempre sea genial. No significa que un matrimonio lleno de conflictos sea algo bueno que no necesita mucho trabajo. Solo porque dos cristianos aman a Jesús y se aman uno al otro, eso no significa que todo vaya a ir viento en popa en la vida.

Hasta los pecadores redimidos, que se aman uno al otro, obedecen la Palabra de Dios de forma imperfecta. Esto es algo que hace que la gracia de Dios sea tan sorprendente: su paciencia extrema hacia nosotros. En este capítulo, espero compartir algunos pensamientos acerca del Cantar de los Cantares que le pueden ayudar a reflejar la paciencia extrema de Dios con su cónyuge.

Para comenzar, debemos considerar la raíz de nuestros conflictos.

Expectativas no satisfechas

Veinte por ciento del Cantar de los Cantares trata sobre conflictos. Es un porcentaje muy significativo, ¿no lo cree? Como dije antes, creo que las únicas personas que no se dan cuenta que el matrimonio traerá dificultades son las que están comprometidas para casarse. Están en un estado de dicha en el que es difícil pensar con claridad sobre el futuro. Lo que vemos en Cantares, cinco, ayuda a traer claridad acerca de las relaciones matrimoniales y nos espabila un poco.

Acabamos de vislumbrar el gozo de su noche de bodas y, no mucho después, ocurre su primer conflicto. «Yo dormía, pero mi corazón velaba. Es la voz de mi amado que llama: Ábreme, hermana mía, amiga mía, paloma mía, perfecta mía, porque mi cabeza está llena de rocío, mis cabellos de las gotas de la noche» (v. 2).

Salomón había estado trabajando todo el día. Deducimos eso de la referencia a su cabeza «llena de rocío». Había estado trabajando en los campos, y estaba cansado y sudoroso, listo para llegar a casa.

Parece que llegó muy tarde, lo suficiente para que su esposa ya se hubiera duchado y metido a la cama: «Me he desnudado de mi ropa; ¿cómo me he de vestir? He lavado mis pies; ¿cómo los he de ensuciar?» (v. 3).

Para ambientar la escena, Salomón llegaba a su hogar después de un largo día, y de camino a casa probablemente comenzó a pensar cómo sería cuando llegara. Pensó en su esposa y lo lindo que sería estar con ella. Le daría la bienvenida, un gran beso, y tendría comida esperándolo. Tal vez, hasta estaba pensando en acariciar esos cervatillos, ¿cierto?

Pero ella ya se había bañado, se había puesto su camisón, se había ido a la cama y se había dormido. Oficialmente tomó la actitud de «Esta noche no».

Es una escena típica en la vida matrimonial, una que se ha repetido en incontables hogares por muchos, muchos días. Los elementos básicos de este momento se interpretan en un millón de formas a lo largo de la relación. No se trata del marido, que llega a casa cansado y tarde del trabajo, esperando que su esposa tenga una bienvenida satisfactoria esperándolo. Se trata de casi cualquier ocasión en la que desarrollamos una idea mental de cómo nuestra pareja debe complacernos o cuidar de nosotros, y él o ella falla en darnos lo que queremos.

En realidad, toda frustración nace de expectativas no satisfechas, y así es en casi todos los conflictos.

Mire de cerca la respuesta de Salomón al respecto de que sus expectativas no fueran cumplidas. Hay algo que hizo que creo que es la respuesta correcta a las expectativas no satisfechas, y hay otra cosa que hizo que creo que, especialmente en medio del conflicto, no siempre es la respuesta correcta, pero algunas veces es necesaria. Llegó a la puerta con expectativa de lo que fuera a pasar, y ella hizo oídos sordos. Aquí está la respuesta inicial narrada por su esposa:

> Mi amado metió su mano por la ventanilla,
> Y mi corazón se conmovió dentro de mí.
> Yo me levanté para abrir a mi amado,
> Y mis manos gotearon mirra,
> Y mis dedos mirra, que corría
> Sobre la manecilla del cerrojo.

> Abrí yo a mi amado;
> Pero mi amado se había ido, había ya pasado;
> Y tras su hablar salió mi alma.
> Lo busqué, y no lo hallé;
> Lo llamé, y no me respondió (vv. 4-6).

Ella apagó el encuentro sexual, y él no se enojó. No reaccionó. No explotó. Cuando se aproximó a tocar el pestillo, comunicó algo significativo, porque la acción fue como una tarjeta del Día de los Enamorados en su cultura: Una señal que decía: «Bueno, sé que estás rechazándome, pero te amo de todas formas».

Sus expectativas no fueron cumplidas y estaba frustrado, pero se tomó un momento para decir: «Te amo».

Como sucede muy a menudo en nuestras relaciones, a veces podemos decir lo correcto, pero nuestro corazón no está en el lugar correcto. Debemos confiar en que Salomón realmente sentía lo que dijo, que cuando tocó el pestillo para que ella lo escuchara, no estaba fingiendo amor. Pero no significa que no estuviera frustrado. ¿Y qué hizo después?

Se fue. No se lavó y se metió a la cama con ella. Se fue a caminar.

Aparentemente, Salomón quería caminar para deshacerse un poco de su frustración. (Veremos algo de cómo trató con ello en los siguientes versículos).

Su esposa se dio cuenta que él se había ido, así que se salió corriendo de la cama para ir a buscarlo.

¿Algo de esto le suena familiar? Sus conflictos en el matrimonio pueden no desarrollarse exactamente de la misma manera, ¿pero no son similares? ¿Alguna vez ha estado en una pelea, ha experimentado una frustración tan grande que uno de los dos sintió que tenía que dejar el lecho matrimonial? Tal vez uno de ustedes durmió en el sofá o en el cuarto de visitas, o tal vez se metió en el auto para conducir un rato. Luego el otro cónyuge se levantó y fue a buscarlo.

Es un momento muy tierno. Incluso en la tensión puede haber ternura. Aun en el conflicto puede haber recordatorios de amor. Y lo que es importante recordar en esos momentos (en conflictos silenciosos o en discusiones a alta voz) es cómo quisiera Dios que peleáramos. Él sabe que las peleas van a ocurrir porque somos pecadores. Pero podemos aprender a pelear limpio, y podemos aprender algunas cosas de Salomón y su esposa sobre cómo hacerlo. Cuando no se cumplen las expectativas, por la gracia de Dios podemos tomar el control de nuestra mente y poner en práctica algunas formas saludables de lidiar con nuestro conflicto. Aquí hay una de las primeras prácticas saludables.

Responda; no reaccione

Una de las reglas para establecer desde el principio es que debemos tener cuidado de no reaccionar a las cosas que nos molestan. Las reacciones muestran una carencia importante de autocontrol y madurez. Note que Salomón no explotó con su esposa y comenzó a decir cómo ella no lo amaba o no lo respetaba o no le importaba. Nada de eso ocurrió. En lugar de ello, básicamente dijo: «Está bien, ya entendí. Te amo». Su corazón podía estar lleno de frustración aún, pero se controló y respondió a su esposa en vez de reaccionar en su contra. Luego llevó su frustración a otra parte.

No estoy diciendo necesariamente que esto era lo correcto, pero discutiremos eso en breve. Mientras tanto, aprendamos algo valioso del ejemplo de Salomón. Durante el conflicto debemos ser muy cuidadosos de no caer en la tentación de reaccionar a las cosas que nos molestan. El asunto se puede salir de control muy pronto, y repentinamente la discusión cobrará un impulso propio. Esa no es una forma saludable de hablarle a nadie, menos a la persona con la que se supone que somos una sola carne.

Cuando las expectativas no se cumplen, a menudo ataca el orgullo. Comenzamos a recordar en nuestra mente y corazón lo que merecemos, lo que nos deben, lo que la otra persona debe hacer por nosotros. El problema con el orgullo es que, muchas veces, le hará ver cosas que ni siquiera existen. Tiene una manera de justificarse a sí mismo y a todas sus exigencias. María, la madre de Jesús, se refirió a este autoengaño cuando dijo que Dios «esparció a los soberbios en el pensamiento de sus corazones» (Lucas 1:51).

El orgullo distorsiona la realidad. Cuando estamos decepcionados por las expectativas no cumplidas, el orgullo aparece como un pequeño abogado defensor interno dándonos todas las razones por las que nuestro cónyuge merece juicio y por qué nos justificamos en nuestra propia justicia.

Pero si fuéramos más considerados, podríamos en realidad comenzar a defender, en nuestros pensamientos, a la persona que nos ha frustrado. En la situación de Salomón, quizá pudo haber razonado que su pobre esposa había estado trabajando todo el día, sola en la casa. A medida que se hacía más y más tarde y llegaban las altas horas de la madrugada, probablemente estaba demasiado cansada para esperarlo más tiempo y se fue a la cama exhausta.

Luego, Salomón llegó queriendo seducirla. Ella no estaba provocándolo o insultándolo. Solo le comunicó: «Querido, estoy cansada. Esto no significa que "te odio". Solo que estoy agotada».

Cuando el orgullo ataca, las reacciones imaginarias de un esposo pueden consistir en cosas como las siguiente:

> «¿Nos sabe lo duro que estuve trabajando?».
> «¿Es mucho pedirle un poco de diversión cuando llego a casa?».
> «Seguramente no le atraigo».

Entre más frustrados estemos, más podemos permitir que la ira dé forma a nuestras reacciones. Una señal muy evidente de que ha entrado en la etapa de conflicto es si comienza a listar todos sus esfuerzos y todas las debilidades de su cónyuge. (Por cierto, recordar todas las fallas de su cónyuge lo pone a usted en compañía de Satanás, el gran acusador).

Cuando el orgullo asoma la cabeza en nuestro corazón, sin ningún esfuerzo cambiamos al modo de reacción. Necesitamos aprender cómo responder sin reaccionar. Hay una diferencia.

Salomón respondió con un «Te amo», y luego se dio un tiempo. Su esposa no respondió echando chispas ni haciendo escándalo, sino saliendo a buscarlo. A pesar de que no evitaron el conflicto, lo manejaron razonablemente bien, no de manera perfecta, pero bien. Veamos ahora cómo se desarrollaron las cosas.

> Me hallaron los guardas que rondan la ciudad;
> Me golpearon, me hirieron;
> Me quitaron mi manto de encima los guardas de los muros (5:7).

Los guardias no le propinaron una paliza física a la reina. En cualquier era, nunca ha sido buena idea golpear a la reina, ¿cierto? Ella estaba usando un simbolismo poético.

Básicamente, dio a conocer que había estado yendo de un lado a otro, buscando al rey en todas partes, y todos a los que les preguntaba por él no tenían ni idea de dónde estaba. Así que cada vez que le decían: «No lo hemos visto. ¿No estaba con usted?», eso lastimaba su alma. Se sintió emocionalmente golpeada. Estaba decepcionada por haber lastimado los sentimientos de él. Estaba preocupada porque se fue. Se fatigó en su ansiosa búsqueda.

Imploraba a la gente con la que se topaba: «Yo os conjuro, oh doncellas de Jerusalén, si halláis a mi amado, que le hagáis saber que estoy enferma de amor» (v.8). Era una etapa importante de su conflicto. Algo se había roto. El enfrentamiento dio lugar a respuestas más saludables. Algo sucedió en el corazón de nuestra reina que creo que era bastante profundo. Pasó de ser indiferente y fría hacia los avances de su esposo, a correr por el castillo buscándolo, declarando que estaba enferma de amor. «Necesito encontrarlo. Necesito asirlo. *Lo necesito*».

Cuando aprendemos a respondernos uno al otro en vez de reaccionar, avanzamos mucho más rápido del conflicto hacia la solución y la reconciliación. Las reacciones solo alimentan las llamas del conflicto; las respuestas, especialmente las buenas, nos ayudan a extinguirlo.

Acudir a Dios

En seguida, necesitamos descubrir qué era lo que Salomón hacía. Dijo «te amo», en su sutil manera, y se fue a caminar. ¿Quién sabe a dónde fue? Tal vez a la cocina; tal vez vio el canal de deportes en el ala oeste del castillo. Todavía no lo sabemos en realidad. Lo que sí sabemos es que no cambió el corazón de su esposa. Ese fue transformado por Dios.

Ahora permítame decirle por qué es importante esta verdad: demasiados hombres, y aun más mujeres, quieren usar argumentos de sentido común o manipulación para cambiar la manera en que se sienten sus cónyuges o la forma como les responden. Eso es absolutamente devastador al final. En nuestros conflictos, comenzamos lanzando golpes y nos herimos profundamente uno al otro, o usamos juegos de manipulación con la finalidad de lograr que nuestro cónyuge haga lo que queremos.

Algunos libros para matrimonios han predicado ese último enfoque. Aunque desean ser útiles, están llenos de lo que podríamos llamar las «mejores prácticas», reglas generales que funcionan únicamente si ambos cónyuges están sanos emocional y espiritualmente. Pero si no lo están, las mejores prácticas no pueden funcionar.

Lo que a menudo observo en los matrimonios es que los hombres y las mujeres se frustran porque leen esos libros y aprenden formas de manipular a sus cónyuges para hacer que queden en deuda con ellos. De modo que un esposo lee uno de esos libros y llega a la conclusión: *Ok, si lavo los platos y aspiro el piso, ella será sensible conmigo*. Incluso he estado en congresos matrimoniales donde los oradores dijeron: «¿Sabe lo que mi esposa piensa que es sexi? Aspirar el piso. Si aspiro, ella se me lanza encima como hiena». Entonces, todos los maridos llegan a sus casas a aspirar el piso. Cuando sus esposas no les responden, se frustran más porque su sistema para hacerlas sentir en deuda no funcionó.

Igualmente, a las mujeres se les dijo que, si hacen ciertas cosas por sus esposos, lograrán que hagan lo que ellas quieran. Hay un libro que está dedicado, literalmente, a cambiar la conducta de los esposos en vez de que ambos se desarrollen integralmente como pareja. Cuando los principios fallan en producir un marido mejorado, solo conducen a mayor frustración.

Mi crítica hacia este tipo de cosas como las «mejores prácticas» es que no hablan del corazón. No usan los recursos singulares de la Biblia para ir más allá de la superficie en la modificación de la conducta.

Siempre se predica sobre la idea de que somos nosotros los que necesitamos que nuestro cónyuge dé la talla según nuestros estándares, no que nosotros tengamos nuestra propia pila de problemas para estar a la altura con los que tenemos que lidiar.

Las Escrituras les muestran a los esposos que ellos han sido llamados por Dios a amar a sus esposas como Cristo amó a la iglesia. Eso significa que las amemos a pesar de su respuesta a nuestros esfuerzos por cambiarlas. Y la misma actitud centrada en la gracia requiere de las esposas que quieren que sus maridos cambien.

Hacer que nuestros corazones piensen así es lo más difícil en el matrimonio, porque todos tendemos a amar con la finalidad de obtener algo a cambio. (Usted puede darse cuenta cuando lo que está dando verdaderamente no es amor si comienza a retenerlo porque no cree que la respuesta obtenida sea lo suficientemente buena). Jesús nos llama a un camino más abnegado, el camino de la cruz. Su camino nos llama a amar con pureza porque es lo correcto, porque lo honra y porque glorifica al Padre. Jesús se vació de sí mismo para amar a gente que le responde de manera imperfecta. Eso es amor verdadero.

Hombres: ¿se han dado cuenta que no pueden ser lo suficientemente románticos? No pueden ser lo suficientemente dulces. No pueden ayudar en la casa lo suficiente. No pueden ganar suficiente dinero y comprar suficientes cosas para convertir a su esposa en un dinamo sexual en el dormitorio. El cambio del corazón no llega usando esas palancas. Al fin y al cabo, solo el Espíritu Santo puede cambiar el corazón de su esposa. Así que amamos, animamos y repetidamente entregamos a nuestra esposa a Cristo porque Él puede cambiar su corazón. Él puede moverse en ella. Puede hacer cosas que nosotros no podemos.

De igual manera para las mujeres. Usted puede darle a su hombre todo el sexo que quiera. Puede cocinar para él sus platillos favoritos.

Puede mantener la casa extra limpia. Puede darle tiempo a solas en su cueva o lo que sea. Y Dios puede usar todas esas cosas, pero ninguna de ellas, hecha con la intención de cambiarlo, funcionará para transformar el corazón de su esposo. Solo Dios puede hacer eso.

Eso es lo que le sucedió a Salomón y a su reina. El corazón de ella fue transformado e impulsado hacia su esposo cuando hacía tan solo un momento no lo estaba en lo absoluto. Era indiferente porque estaba cansada. Pero luego se enfermó de amor. Dios hizo eso. Ahora note la evaluación resultante: «Mi amado es blanco y rubio, señalado entre diez mil» (v. 10).

Esta era una mujer que hacía veinte minutos estaba diciendo: «No me toques, no estoy de humor». Ahora anda diciendo lo sexi que es:

> Su cabeza como oro finísimo;
> Sus cabellos crespos, negros como el cuervo.
> Sus ojos, como palomas junto a los arroyos de las aguas,
> Que se lavan con leche, y a la perfección colocados.
> Sus mejillas, como una era de especias aromáticas, como fragantes flores;
> Sus labios, como lirios que destilan mirra fragante.
> Sus manos, como anillos de oro engastados de jacintos;
> Su cuerpo, como claro marfil cubierto de zafiros.
> Sus piernas, como columnas de mármol fundadas sobre basas de oro fino;
> Su aspecto como el Líbano, escogido como los cedros.
> Su paladar, dulcísimo, y todo él codiciable.
> Tal es mi amado, tal es mi amigo,
> Oh doncellas de Jerusalén (vv. 11–16).

Definitivamente, algo cambió. Ella cambió del «me duele la cabeza» a «deseo tu cuerpo». Algo se modificó en su corazón. Y no fue Salomón el que lo hizo, porque ni siquiera estaba ahí. No, Dios se movió. Dios obró en lo profundo del corazón de ella. Dios removió sus afectos por su esposo. El Señor la impulsó hacia el amor, y ella respondió. Él los preparó a ambos para esforzarse en la solución y reconciliación.

Mire el inicio del capítulo seis: «¿A dónde se ha ido tu amado, oh la más hermosa de todas las mujeres? ¿A dónde se apartó tu amado, y lo buscaremos contigo?» (6:1). De alguna forma la Reina se dio cuenta a dónde había ido Salmón: «Mi amado descendió a su huerto, a las eras de las especias, para apacentar en los huertos, y para recoger los lirios. Yo soy de mi amado, y mi amado es mío; él apacienta entre los lirios» (vv. 2-3).

Se fue al huerto. Si tuviera que adivinar, yo creo que probablemente estaba luchando con su frustración. Probablemente sabía que no era válida. Así que se sentó solo, analizando, procesando y orando.

Este es un rasgo típicamente masculino. Esposas, ustedes pueden creer que, en momentos de conflicto, su esposo deja de escuchar, y esto significa que no se involucra, no se entrega en la relación como usted. Sin embargo, los hombres tienden a procesar las cosas un poco diferentes de las mujeres. Las mujeres tienden a ser más verbales en sus procesos, capaces de acceder a múltiples pensamientos y sentimientos simultáneamente y a expresarlos muy rápido. Los hombres necesitan un poco más de «cocción».

Mujeres, si sus esposos no comienzan a hablar de inmediato, eso no significa necesariamente que no estén pensando en ustedes y en el problema y cómo solucionarlo. Los hombres tienden a procesar las cosas de forma más interna. Es probable que Salomón estuviera haciendo justo eso. No quería reaccionar de mala manera, así que le dio señales de que la amaba y luego se escabulló un rato para estar solo y analizar sus frustraciones.

Alejarse del conflicto puede ser algo poco saludable si simplemente se trata de evadir. No puede ignorar los problemas para siempre. El conflicto todavía estará ahí. A veces puede ser saludable tomar un descanso, recobrar el aliento y procesar las cosas fuera del calor de la discusión o de la urgencia de la frustración. Y siempre es bueno estar a solas con Dios para pedirle que le ayude a ver lo que no puede ver por sí mismo, y que le ayude a dar a su cónyuge la gracia que debe darle. No porque uno u otro lo merezca, por supuesto, sino porque es necesario. Y porque Dios lo merece.

Hablar bien

La esposa de Salomón lo halló en el huerto. Después de que cada uno tuvo tiempo para procesar sus frustraciones y sentimientos por el otro, y experimentaron la obra de Dios en sus corazones y mentes, estaban listos para resolver el conflicto de forma saludable. Puede ser que todavía les esperara una pelea, pero ya estaban preparados para pelear limpiamente.

Mis primeros años de matrimonio estuvieron llenos de conflictos que marchitan el alma. Una de las maneras en que Dios me sacó del conflicto (o tal vez me metió en él de manera que me llevara a la salud y a la sanidad) fue a través de las enseñanzas de Tommy Nelson acerca de este capítulo de Cantares. Aquí hay algunos «nunca» que aprendí de los principios acerca de los conflictos que Tommy expuso en sus libros y sermones. Estas no son «mejores prácticas» en el sentido de que, si lo pone en práctica, le garantizarán repuestas positivas. En lugar de ello, son «prácticas del evangelio», formas de mostrar gracia en cómo habla con su cónyuge durante el conflicto. Estos «nunca» tienen menos que ver con obtener algo de su cónyuge y más con lo que es la forma correcta de hablarle a pesar de su respuesta.

Aquí están los «nunca» de la comunicación, especialmente en lo que tiene que ver con el conflicto.[1]

1. Nunca responda a su compañero impulsivamente.

Esto tiene mucho que ver con consideración y madurez al responder, especialmente a los cargos y acusaciones. Se trata de cambiar del modo reacción al modo respuesta. Atacar verbalmente, lleno de ira, es una señal de falta de autocontrol. Habrá veces en las que usted necesite respirar profundamente cuando algo le lastime para evitar contestar algo completamente irracional e hiriente. Tal vez necesite contar hasta diez o hallar otra forma de pensar y procesar antes de responder, pero nunca hable impulsivamente. Proverbios 29:11 dice: «El necio da rienda suelta a toda su ira, mas el sabio al fin la sosiega». Cálmese, respire y piense bien lo que está diciendo. Nunca hable impulsivamente.

2. Nunca toque a su compañero cuando esté enojado o frustrado. Nunca.

No hay «si...», «y...» o «peros» para esto. El abuso físico de cualquier tipo (incluso una bofetada) está totalmente prohibido siempre, por siempre, fin de la historia. Si se encuentra luchando con esto, debe ver a un consejero capacitado sin demora.

3. Nunca busque avergonzar a su cónyuge en público [de hecho, ni en privado].

Este pecado es tan enorme como común. ¿Ha estado alguna vez en una mesa cuando esto ocurre? ¿No crea eso un sofocante espíritu de incomodidad? Nunca avergüence públicamente a su pareja. Obviamente, es una manera práctica de humillar a la esposa y «ponerla en su lugar», pero hace mucho daño al alma. La humillación y la vergüenza no se disipan fácilmente, si es que llegan a hacerlo. Avergonzar públicamente a alguien no le gana ningún aliado; la mayoría de la gente en esas circunstancias tenderá a simpatizar de inmediato con la persona que está siendo humillada. De modo que, si quiere arruinar el ambiente de un compromiso social, humillar a su pareja y perder amigos, ande, vaya y avergüence a su cónyuge. Pero si desea hacer lo correcto, refrene su lengua. El deseo de criticar, de atropellar y rebajar a su cónyuge en presencia de otros viene del infierno.

4. Nunca pelee enfrente de sus hijos [ni los utilice para sacar ventaja en un desacuerdo].

Vengo de un hogar que tenía grandes problemas, así que tuve mucho en lo cual trabajar. Pero por la gracia de Dios, en diecisiete años de estar con Lauren nunca nos hemos gritado. O hemos tenido muchos momentos de «¡No vuelvas a hacer eso!», una increíble cantidad de ellos. Pero no nos gritamos.

Esto es extremadamente importante en los momentos cuando pasamos juntos como familia y surge algún conflicto entre Lauren y yo. Por lo general, sucede en el vehículo y tiene algo que ver con estar perdidos. Mi esposa tiene un asombroso sentido de orientación. Es como un *GPS* humano. ¿Yo?, soy lo que los expertos llaman un «discapacitado direccional». Y la gente que me da indicaciones a menudo me vuelve loco porque dice cosas como: «Vaya al este por la treinta y cinco». Y yo estoy pensando: ¿Ir al este? ¿Acaso tengo una brújula? ¿Soy *el héroe aventurero Davy Crockett?* En serio. ¿Por qué no decir «Gire a la izquierda»? Eso es fácil.

Perderse es una de mis experiencias más frustrantes. A veces ya estamos todos en el vehículo, yo no sé a dónde voy, y Lauren se burla de mí o se ríe de mi pobre sentido de orientación. Me molesto. Puede ser que responda sarcásticamente. Y nuestros hijos lo saben. Saben que yo no debería hablarle así a mamá. Es una lección importante para todos nosotros. Ellos están aprendiendo de Lauren y de mí cómo manejan los conflictos las parejas maduras y sanas. Y si siempre nos estamos gritando uno al otro, perdemos los estribos, nos ponemos como locos por las expectativas no cumplidas, adivine qué pensarán ellos que es lo normal.

Le prometo esto: usted está enseñado a sus hijos cómo pelear. En su hogar, ahora mismo, usted les enseña a sus hijas cómo tratar a sus maridos y a sus hijos cómo tratar a sus esposas. Y ellos lo están absorbiendo todo. De su hogar crearán sus expectativas de lo que es una «vida familiar normal».

Tenga cuidado cómo manejan los conflictos frente a sus hijos. Y nunca los use en alguna forma para ganar una discusión.

5. Nunca mencione a los padres de su cónyuge ni a otro miembro de la familia.

Esta es la parte de una pelea donde las cosas se ponen a reventar porque, como mencioné, traemos ideas de lo que es la normalidad a nuestra vida de hogar con nuestros cónyuges. Y terminamos con muchas expectativas que pueden provocar que hagamos muchas evaluaciones.

En casa de mis padres, se podía dejar la toalla sucia en el piso, y mamá, tarde o temprano, pasaba y la levantaba. Muy conveniente. Luego la lavaba, la doblaba y la ponía de regreso en el gabinete. Cuando me casé con Lauren, dejaba mis toallas tiradas por todos lados. Pensaba que era normal. Y ella decía: «¿De veras?».

Provengo de un trasfondo familiar con un conjunto de rutinas y expectativas, y Lauren proviene de otro. Yo esperaba que ella se adaptara a mis expectativas, sin pensar realmente que yo tuviera que ajustarme a las de ella porque, en su mente, no se trataba de la toalla en realidad, sino de respeto.

Si las parejas casadas no manejan bien estas diferencias de expectativas, ¡los conflictos se pueden convertir en guerras campales con toda la familia! Como: «¡Tu familia es un montón de cavernícolas idiotas si viven así!». O: «¡Tu familia es un montón de apretados obsesionados por la limpieza!». Esto se puede convertir en una descarga de insultos hacia la familia del otro, lo cual es sumamente destructivo.

Sucede en los conflictos en los que usted le dice a su esposa que se parece a su madre, cuando eso no es algo bueno. O cuando culpa las fallas de su esposo al fracaso de sus padres en criarlo bien. Esos son lugares muy sensibles para golpear y, por lo general, golpeamos cuando realmente queremos herir a nuestro cónyuge. Así que no lo haga.

Mantenga el enfoque *en el problema.* No necesita sumar a nadie más a la ecuación.

6. Nunca escarbe el pasado; procure permanecer en el tema.

Este asunto de regresar a los errores y fallas del pasado es similar al problema de meter a alguien de la familia o la educación. Primera Corintios 13:5 dice que el amor «no lleva cuenta de las ofensas» (PDT). Sin embargo, en mi experiencia en el matrimonio, a veces el amor anota algo en una servilleta. Quizá no haya un libro contable de ofensas, pero sí hay una lista mental. Se trae a colación en momentos clave, especialmente, en medio del conflicto. Así que las discusiones dejan de ser sobre un asunto en particular y se convierten en discusiones de *todas las cosas*.

Para Lauren y para mí, los primeros dos años de matrimonio fueron muy difíciles. Yo pensaba que ella era hipócrita en algunas áreas de su vida, y ella pensaba que yo lo era. Y en realidad, ¿quién no lo es? Pero ninguno de los dos tenía idea y pensábamos de nosotros mismos como muy santos, muy íntegros. Una de las cosas que Lauren sentía era que yo no escuchaba muy bien.

Si ella decía: «Cuando estoy tratando de contarte lo que pienso que el Señor está haciendo en mi corazón, siento que no me escuchas». Yo sería sincero con ella y le decía: «¿Sabes?, en realidad no. Como que dejo de prestarte atención. Me es difícil escuchar algunas de estas cosas porque sé los problemas que tenemos, sé qué es lo que estamos tratando de solucionar, y honestamente, siento que a veces eres hipócrita». Ese era uno de nuestros problemas al principio.

Años después —y recuerdo el día—, estábamos sentados en nuestro porche trasero, tomando café, y ella me contaba de un libro que estaba leyendo llamado *The Wounded Heart* [El corazón herido]. Me dijo cómo la estaba ministrando y cómo se sentía identificada. Yo estaba escuchando, pero era una mañana tan bella de otoño: las aves cantaban, el sol brillaba, el aroma del café en el aire, que medio la escuché y medio me distraje con el ambiente. Ella percibió que yo no estaba totalmente atento.

Más tarde, fue al salón de belleza y, cuando regresó a casa, me pude dar cuenta de que estaba molesta conmigo. El conflicto se estaba fermentando. Yo pensaba: ¿Y ahora qué hice? Si *colgué mi toalla y todo... ¿Por qué está enfadada?* No tengo idea. Pero mientras, hablábamos del asunto y la situación se ponía más tensa, Lauren dijo: «¿Todavía sientes como si yo fuera hipócrita y no fuera honesta ni abierta contigo?»

Yo dije: «¿De qué estás hablando?»

Ella respondió: «Estaba tratando de contarte sobre lo que estoy leyendo en este libro y lo que el Señor me está enseñado, y sentí como si ni siquiera estuvieras allí. Entonces, ¿todavía crees que soy una hipócrita en ese aspecto?

Y entonces supe de lo que hablaba. Dije: «Querida, ¡no puedes sacar un archivo de hace seis años!».

Todavía le dolían mis palabras hirientes de tanto tiempo atrás y las estaba trayendo a colación. Y yo no sentía eso de ella. Ni creía eso. Pero por no haberle puesto atención esa mañana, le hice recordar ese asunto, así que ella me lo recordó a mí.

A veces, hacemos que los conflictos sean más profundos de lo que deberían ser cuando nos ponemos históricos. Pudimos haber dicho que perdonábamos a nuestro cónyuge, pero la prueba de que no es realmente así es cuando comenzamos a repasar el registro de errores, listándolos como municiones en contra nuestro cónyuge en cualquier conflicto del presente. Y, normalmente, lo hacemos es porque nos da poder durante la discusión. Entre más cargos podamos presentar, mayor es nuestro caso. Sin embargo, pensar así hace que el conflicto no se trate de resolución, sino de retribución. Y eso nos lleva a nuestro siguiente principio:

7. Nunca intente ganar.

Un consejero de la consejería prematrimonial me dijo: «¿Quieres tener la razón o quieres ser feliz?». A los dos meses de casados hallé la falla fatal de su razonamiento: «¿Y si tener la razón me hace feliz?».

Para muchos, lo que los hace felices es tener la razón, ganar, sin importar el costo emocional para su cónyuge. Quieren a su cónyuge humillado, azotado, castigado, apropiadamente arrepentido. Es muy fácil deslizarse al modo de ganador, y normalmente puede darse cuenta de que está allí si ha cambiado de responder a reaccionar.

En muchos conflictos maritales, trabajamos muy duro para ganar la discusión y muy poco para ganar el corazón. Usted puede expresar sus sentimientos y pensamientos, incluso compartir sus críticas y quejas, pero la meta final de los conflictos maritales debería ser cuidar el alma de su cónyuge, no tratar de acumular la mayor cantidad de puntos. Buscar ganar no es amor.

8. Nunca grite, ni ridiculice, ni difame verbalmente a su cónyuge.

Estos pecados están conectados con el pecado de impetuosidad mencionado antes. La Biblia nos recuerda vez tras vez del devastador poder de la lengua. Aquí hay un ejemplo: «Así también la lengua es un miembro pequeño, pero se jacta de grandes cosas. He aquí, ¡cuán grande bosque enciende un pequeño fuego!» (Santiago 3:5).

Las mujeres tienden a ser más comunicativas; son muy relacionales, así que las palabras tienen un poder increíble para ellas. Usted puede lastimar muy fácilmente a una mujer con palabras, a menudo sin intentarlo siquiera. Cuando usted suma a las palabras duras un tono alto en su voz o menosprecios e insultos, las heridas que crea en su esposa pueden durar por el resto de su vida. Lea la última frase otra vez: *Las heridas... pueden durar por el resto de su vida.*

Eso también es cierto para los hombres. Nunca he conversado con un hombre que, si lo presiono y hurgo lo suficiente, no me pueda decir algo duro que le dijeron cuando era adolescente, algo que de vez en cuando regresa y lo persigue.

Las palabras son poderosas, y la forma en que las decimos (tono, volumen, postura) solo aumentan su poder destructivo. La antigua rima en inglés que dice: «Palos y piedras podrán romper mis huesos, pero las palabras nunca me lastimarán» es basura. El daño que los gritos y las degradaciones pueden hacer perdura mucho más que el conflicto en el que ocurrieron. Lore Ferguson escribió:

> Crecí en un hogar con una buena cantidad de gritos. Las excusas para ello eran comunes, así como los preámbulos y el seguimiento. Lo que aprendí a temprana edad es que hay niveles de gritos, también está tono de voz, el café es insuficiente, hay demasiados irlandeses en nuestros antepasados, y hay quienes explotan muy fácilmente. Aprendí que los gritos eran la respuesta esperada y que las disculpas llegaban luego, si acaso. Y aprendí, sobre todo, que lo que *a mí* me parecen gritos no era el nivel universal de decibeles de lo que es gritar. *Cada uno tiene su propio barómetro de lo que constituye gritar y de cuándo es apropiado hacerlo.*
>
> Debido a que soy pecadora y a que todavía no estamos en la nueva tierra, aún me encuentro muy sensible a los tonos de las voces que me rodean, a cómo se expresan las palabras y cómo se les deja ir, y a las excusas que se dan por la ira. Rara vez me ofendo, pero si me gritan, estaré buscando el armario más cercano. El temor al hombre está vivo y coleando en esta alma sobre este asunto...
>
> Entre más tiempo para desde que viví en un hogar con gritos, más me doy cuenta de que levantar la voz cuando se está enojado no funciona, jamás. Si es padre, no hay excusa para gritarle a su hijo. Nunca. Si es hijo, no hay excusa para gritarle a su padre. Jamás. Si es amigo, nunca debe gritarle a otro amigo.[2]

Y si está casado, jamás debe gritarle a su cónyuge cuando usted está enojado. Nunca.

Sé que parece realmente difícil para algunos de ustedes. No fueron criados en un ambiente en el que la ira se manejara de maneras más saludables. Gritar parecía normal. O tal vez lo sienta como parte de su personalidad. Se ve a sí mismo como apasionado, emocional e impetuoso. Levantar la voz nace de forma natural.

Sin embargo, nunca es correcto. Durante el conflicto, lo correcto no es lo que «nace de forma natural», sino lo que Dios quiere que hagamos de acuerdo con su Palabra. Lo correcto es dejar a un lado al hombre «natural» y ponerse en el Espíritu.

9. Nunca retenga la intimidad física ni use el sexo para manipular.

Seamos honestos: creo que casi el noventa y cinco por ciento de las veces es un problema de la esposa. No creo haber escuchado alguna vez de una relación en la que el hombre retuviera el sexo para hacer que su esposa actuara de cierta forma. Estoy seguro de que ha sucedido, pero no recuerdo haber escuchado de ello.

La mayoría del tiempo, esta táctica manipuladora es empleada por la esposa como una clase de enfoque del palo y la zanahoria. Está bien que el sexo se pueda considerar como un «regalo». Pero no está bien retener los regalos para hacer que su cónyuge se rinda en el conflicto. Es una forma pecaminosa de resolver una discusión, sin lugar a duda.

10. Nunca postergue el buscar la solución.

Esto viene directo de Efesios 4:26, pero requiere alguna explicación. No soy ingenuo acerca de la naturaleza de algunos conflictos, y sé que habrá algunas noches en las que no pueda resolver todo antes de ir a la cama. Pero, mientras tanto, hay algo que usted puede hacer con el objetivo de lograr la paz.

El día avanza, la tarde llega y el conflicto aún está ahí. No parece tener solución. Pero en lo que esté a su alcance, tan pronto como pueda, haga el esfuerzo de asumir al menos una parte de la responsabilidad por el conflicto, no importa cuán pequeña sea. Probablemente, usted está en ese conflicto porque piensa que tiene la razón. Ambos piensan eso. Así que, ¿qué puede hacer para hacerse responsable de una parte? Aún está convencido de que su cónyuge tiene la mayor parte de la responsabilidad, pero puede asumir algo de ella, ¿cierto?

Trate de llevar algún indicio de la paz al hogar antes de que se vaya a dormir. Extienda una rama de olivo de alguna especie. Si no lo hace y decide ir a la cama amargado, el diablo tiene un patio de recreo más grande en su hogar, y de la noche a la mañana, la raíz de amargura se afianza con más profundidad.

Digamos que su cónyuge es 99.9 por ciento responsable del conflicto (lo sé, la mayoría de ustedes están pensando: *no me es difícil imaginarlo*). Digamos que hizo algo malo y que no ofreció disculpas por ello. Pero usted explotó. Gritó; la comparó con su madre; sacó la lista de sus pecados pasados. Ella lo estropeó, y es su culpa. Pero usted reaccionó mal. Ahora ambos están en la cama. Están de espaldas, viendo a la pared. La habitación está fría y hay un silencio aterrador.

Qué tal si decide darse vuelta, tocarle el hombro y decir: «Querida, me disculpo por haber explotado». Es una gran forma de mostrar gracia, especialmente si piensa que usted es el que ha sido más perjudicado.

Eso es de suma importancia para todo conflicto saludable en el matrimonio: negarse a descargar la culpa sobre el otro y aceptar cualquier responsabilidad que usted tenga. Así es el evangelio.

Paul Tripp dijo: «Su mayor problema no es la imperfección de su cónyuge».[3] No, el mayor problema en la mayor parte de nuestro matrimonio somos *nosotros*. Y, en realidad, la única persona a quien podemos controlar es a nosotros. No podemos cambiar a nuestro cónyuge. (¿Ya se dio cuenta de eso?). Solamente Dios puede hacerlo. Así que los únicos pensamientos, acciones y palabras que podemos controlar son los nuestros. Preguntémonos entonces qué podemos hacer para asumir la responsabilidad en medio del conflicto. Al responsabilizarnos de nuestra parte, podemos detener el crecimiento del conflicto.

No deje que el sol se ponga sobre su enojo.

Escuchar bien

Ahora que ya hemos cubierto algunos principios de hablar bien durante el conflicto, quiero compartir con usted unos principios para escuchar bien. Es necesario orar para obtener más disciplina en estas cosas porque el impulso de la carne es el de regresar a la actitud defensiva y de acusación en medio de una discusión. Pero el amor *escucha*, y aquí hay siete formas de cómo lo hace:

1. Use su lenguaje no verbal para demostrar que está escuchando.

No se quede de espaldas; no mire por toda la habitación; no ponga los ojos en blanco. Mire a su cónyuge. Mírelo a los ojos. Muéstrele con su rostro que está poniendo atención y se está enfocando.

2. No use la lógica para dominar los sentimientos.

Esto es lo que pasa: Una mujer dirá: «Siento que, siento que, siento que...» y el hombre inmediatamente comenzará a pensar en todas las razones por las que ella no debería sentirse así. Ni siquiera espera a que su esposa termine de hablar; únicamente mira su boca, pensando: «Por eso es que estás equivocada».

Así que ahora ella siente que usted le ha faltado al respeto y que no está siendo escuchada, además de sus otros sentimientos.

3. No debata.

Por supuesto que es difícil no discutir cuando se está en una discusión, pero una batalla interna que puede lidiar consigo mismo es aprender qué responder y qué no. Cuando lo que su cónyuge está diciendo son cosas particularmente hirientes, no válidas, o simplemente airadas y vengativas, algunas veces es mejor no responder. No quiero decir que use la ley del hielo. Debe hablar. Pero no sienta la necesidad de responder a cada punto. No trate esto como un debate. No discuta. Creo que hay veces cuando debe pasarlo por alto, incluso si lo que se dijo es incorrecto. En aras del perdón, algunas veces usted querrá preguntarse a sí mismo, como dijo Pablo: «¿No sería mejor soportar la injusticia?» (1 Corintios 6:7, NVI).

4. No interrumpa.

Esto debería tener sentido obvio. Si está interrumpiendo, no está escuchando. No solo oiga para buscar una oportunidad para hablar. Oiga para escuchar en realidad, y esto significa adoptar un espíritu de paciencia.

5. No se vaya antes de tiempo.

Este principio es difícil. Vimos en nuestro texto bíblico que Salomón se alejó. Yo diría que hay ciertos momentos en los que es correcto tomar un descanso, conseguir algo de espacio, procesar y orar. A veces, si el conflicto escala demasiado rápido y el veneno vuela y no se ve que nada productivo va a salir de ello, lo mejor es tomar un descanso.

Pero en medio de un conflicto, cuando alguien está abriendo su corazón con usted, una de las peores cosas que puede hacer es irse. Eso muestra desinterés en la relación. Alejarse de alguien que está exponiendo sus sentimientos (especialmente los de dolor) equivale a abofetearlo.

Necesita discernimiento para saber cuándo es apropiado hacer una pausa y cuándo sería contraproducente, pero levantarse abruptamente y dejar a alguien cuando está hablando, casi nunca es lo correcto.

6. No hable negativamente ni se queje de su cónyuge con sus amigos.

Esto es similar al punto de no avergonzar a su cónyuge en público. Puede no estar él o ella en la habitación, pero de alguna forma eso es peor, porque no está allí para defenderse o para contar su lado de las cosas. Eso es un ardid egoísta para juntar partidarios contra su cónyuge. Cuando esté en un conflicto marital, la acción saludable es buscar ganar el apoyo de su cónyuge.

Está bien buscar asesoría y consejo de un amigo cristiano de confianza, pero es obvio que no es lo mismo que quejarse. Creo que cuando usted habla a un amigo acerca del conflicto con su cónyuge, debe enfocarse en las partes del conflicto que usted puede asumir.

7. Evite el lenguaje corporal negativo o distante.

La postura, la posición, los gestos: todo esto y más comunica si está recibiendo y considerando lo que le están diciendo, o si ya estamos cerrados a ello, planeando defendernos y desviar el tema.

Perdonar

Regresemos ahora a nuestro texto y veamos cómo Salomón y su esposa se esforzaron por lograr la solución y la reconciliación.

La reina halló a su rey en el huerto. Las cosas estaban sensibles entre ellos. Ella había cambiado de actitud, pero probablemente todavía había tensión residual debido a que todavía no lo hablaban. Y tomando la iniciativa de la conversación, como un esposo piadoso, esto es lo que Salomón hizo:

> Hermosa eres tú, oh amiga mía, como Tirsa;
> De desear, como Jerusalén;
> Imponente como ejércitos en orden.
> Aparta tus ojos de delante de mí,
> Porque ellos me vencieron.
> Tu cabello es como manada de cabras
> Que se recuestan en las laderas de Galaad.
> Tus dientes, como manadas de ovejas que suben del lavadero,
> Todas con crías gemelas,
> Y estéril no hay entre ellas.
> Como cachos de granada son tus mejillas
> Detrás de tu velo.
> Sesenta son las reinas, y ochenta las concubinas,
> Y las doncellas sin número;
> Mas una es la paloma mía, la perfecta mía;
> Es la única de su madre,
> La escogida de la que la dio a luz.
> La vieron las doncellas, y la llamaron bienaventurada;

Las reinas y las concubinas, y la alabaron.
¿Quién es ésta que se muestra como el alba,
Hermosa como la luna,
Esclarecida como el sol,
Imponente como ejércitos en orden? (6:4-10)

Salomón tuvo mucho tiempo para pensar, procesar y orar pidiendo ayuda a Dios. Su esposa lo halló en el huerto, y aunque ella pudo haber estado preparándose para una explosión de ira y frustración, Dios obró en sus corazones. Salomón no le dio su merecido. Mejor, la alabó en el gozo y el placer de su felicidad de recién casados. Puede darse cuenta de que, en medio de todo este conflicto, hubo verdadero perdón.

Ahora medite en la respuesta de ella en los versículos once y doce:

Al huerto de los nogales descendí
A ver los frutos del valle,
Y para ver si brotaban las vides,
Si florecían los granados.
Antes que lo supiera, mi alma me puso
Entre los carros de Aminadab.

Y Salomón replicó con una referencia a la danza. Esto es lo principal que quiero que vea: no solamente hubo un intercambio de perdón entre ellos, sino que se encontraron uno al otro en el abrazo de la reconciliación, con el romance avivado entre ellos. No alcanzaron un callejón sin salida o una paz incómoda. Realmente se perdonaron uno al otro. Dejaron sus agravios a un lado. Su conflicto fue entregado al cielo, no barrido bajo la alfombra. Y toda la pena, vergüenza, dificultad y dolor que habían padecido se volvió danza.

El conflicto va a ser una de esas cosas que defina lo que suceda en nuestros matrimonios. No hay vuelta de hoja. Pero más que ninguna otra cosa, la forma en que lo manejemos revelará nuestro propio pecado e inseguridad. Será santificador.

¿Sabe?, por largo tiempo me sentí embaucado por esto del cristianismo. Porque el mensaje que escuché fue que Jesús me amaba, y si venía a Él, me llenaría de gozo. Pero nadie me dijo que en el segundo en que le diera mi vida, Él comenzaría a labrar los lugares más profundos de mi corazón, revelando las cosas más oscuras y repugnantes. Ni me dijeron acerca de lo que saldría a la superficie para que pudiera lidiar con ello y hallar mi camino al gozo a través de la cruz. Nadie predicó ese mensaje.

No sabía que Dios disciplina a todos a los que llama hijos y que azota a quienes ama. Nadie me señaló Salmos 51:8: «Hazme oír gozo y alegría, y se recrearán los huesos que has abatido». ¿Dios aplasta huesos? Nunca nadie me mostró el final de la historia de Moisés cuando Dios lo llevó a la montaña y le mostró la Tierra Prometida y le dijo: «No vas a entrar. Voy a matarte aquí arriba en la montaña». Nunca oí eso en la escuela dominical.

Igualmente, el matrimonio cristiano queda elevado a ese concepto mundano de un cuento de hadas libre de luchas y de conflictos, del «y fueron felices para siempre», porque, ya sabe, *amamos a Jesús*. Pero es absurdo. No es bíblico. Y luego los cristianos se casan y van saltando ingenuamente hacia su vida juntos, y un camión de dieciocho ruedas los atropella. Y, luego, sienten que no pueden decirle a nadie que un camión de dieciocho ruedas los atropelló, porque se supone que deben estar felices y sin problemas con Jesús.

Pero no es así como Dios quiere que el matrimonio funcione en este mundo caído. No, Él usa el matrimonio para llevar a dos pecadores a lugares de profunda honestidad mutua y a una confianza más profunda en Él. El matrimonio va a descubrir algunas cosas muy oscuras de los corazones de la gente.

Sin embargo, al andar conforme al Espíritu, podemos aprender a amarnos bien uno al otro, a aceptar la responsabilidad por nuestros pecados y a perdonar, así como hemos sido perdonados. Aprendemos a servir, a sacrificarnos y a someternos de tal manera que el matrimonio se convierte en el gozo real, profundo y duradero que debe ser mientras, además, glorifica a Jesucristo.

CAPÍTULO 7

LEÑOS EN EL FUEGO

A mi esposa le encanta el fuego de la chimenea. Y más vale que no sea una de esas cosas de gas en las que uno enciende el interruptor y sale el fuego sobre leños falsos. Ella quiere oír la savia crepitar, y la madera chisporrotear (debe haber un peligro legítimo para que la casa se queme). Y no necesariamente tiene que hacer mucho frío para que encendamos fuego en la chimenea.

Debido a esto, cada año hay un periodo de dos meses de tensión en nuestra relación porque ella quiere una hoguera, y yo digo: «Estamos a 22º centígrados afuera; no es temporada de fogatas».

Ella dirá algo como: «Bueno, estábamos a 20 cuando nos despertamos esta mañana», como si tuviera alguna relevancia, pero yo trato de mostrarme firme. «De todas maneras no necesitamos una hoguera. Literalmente, me estás pidiendo que encienda fuego y que encienda el aire acondicionado».

Y luego llegamos a algún acuerdo mutuo, lo que significa que yo enciendo fuego en la chimenea.

Por lo tanto, tenemos una chimenea de madera que está constantemente encendida durante cuatro meses al año. Acostumbrábamos encender el fuego con gas, pero lo usamos tanto un año que la tubería del gas literalmente se fundió y se rompió, así que ya no podía encender el fuego tan fácilmente. Tenía que salir y juntar leña y hacer la fogata. Lo que antes era muy fácil de comenzar se volvió cada vez más difícil.

Luego empezaron las tormentas de hielo, así que juntaba un montón de madera extra y la ponía en nuestro porche para no tener que andar de acá para allá cuando llegara una tormenta de hielo. Pero lo que no pensé bien fue que el fuego que encendía cuando me iba a trabajar en la mañana seguiría ardiendo cuando llegara a casa, y toda esa leña que estaba en el porche se agotaría. Así que ahora está oscuro, hace un frío que congela, y ando vagando en el hielo, en busca de leña seca.

Creo que las relaciones son muy semejantes a esto. Para casi todos nosotros, el calor y la emoción de las cosas al inicio del matrimonio son muy fáciles porque la atracción produce por sí misma fervor, alegría y emoción, y un tipo de energía nerviosa. Pero luego, con el tiempo, la rutina de conocerse uno al otro y el ritmo de la vida se llevan mucho de ese calor. Y ese fuego que era tan fácil de encender al principio, se vuelve cada vez más difícil de prender.

Donde antes había una hoguera rugiente, creatividad, disciplina y persistencia, ahora, de repente, bajo el peso de la vida, de alguna forma el fuego ha ido apagándose. Tal vez sea un pequeño fuego brillante, y eso puede ser bueno. Puede trabajar con eso. Pero tal vez ahora arde sin llamas y queda muy poco calor.

Es en esa época que la gente comienza a decir cosas que no son indicativo de haber entrado en una unión de pacto. Es entonces cuando, a menudo, las parejas comienzan a pensar que el fuego agonizante es una causa perdida. No emite nada de luz ni calor, así que suponen que deben separarse y buscar en cualquier otro lugar.

Pero los cristianos que comprendemos la relación matrimonial como un pacto basado en la gracia de Dios en el evangelio, reconocemos que no nos «desenamoramos» de nuestros cónyuges, porque el amor no está basado en cómo nos sentimos. Está basado en el pacto en sí, en las promesas que hicimos. Recuerde, el matrimonio no es un acuerdo contractual. El amor verdadero no dice: «Hazme sentir de tal manera si quieres que me quede». Eso no es amor. En lugar de eso, el verdadero amor dice comprometido: «Me entrego a ti *a pesar de lo que sea*».

Con todo, el fuego puede verse débil todavía. La ansiedad, el temor y el agotamiento cobran su precio entre más tiempo esté una pareja junta. A veces, tiene mucho que ver con la biología. Los cuerpos cambian, los metabolismos cambian, las hormonas cambian. Los chicos que llegan al hogar siempre cambian la dinámica. La gente cambia de empleos, casas, ciudades. Un matrimonio cambia constantemente, día a día, con base en el crecimiento (o carencia de este) de la pareja y en las circunstancias cambiantes que lo rodean. Todas estas pequeñas zorras se meten al viñedo y comienzan a comerse todo.

Esos factores de estrés pueden atenuar el fuego, quitarle el oxígeno. Si no tenemos cuidado, pueden enfriar y eliminar el calor de nuestro amor mutuo.

Pero si estamos alerta, nuestro fuego no tiene por qué extinguirse. Puede rugir o parpadear, pero no se apagará, mientras lo atendamos. Solo tiene que seguir poniendo leños en el fuego. Y tal vez tenga que salir en la oscuridad, vagar por los alrededores a ciegas durante una tormenta de hielo para encontrarlos, pero el esfuerzo habrá valido la pena.

A medida que vayamos profundizando en Cantares, aprenderemos lecciones valiosas acerca de echar leños al fuego del romance en nuestro matrimonio.

Ponga atención

Continuando en Cantares, siete, note algo diferente acerca de la alabanza del rey por la belleza de su esposa:

> ¡Cuán hermosos son tus pies en las sandalias,
> oh hija de príncipe!
> Los contornos de tus muslos son
> como joyas,
> obra de mano de excelente
> maestro.
> Tu ombligo como una taza redonda
> que no le falta bebida.
> Tu vientre como montón de trigo
> cercado de lirios. (vv. 1–2).

¿Logra percibirlo?

Cada vez que Salomón hablaba del cuerpo de su esposa, comenzaba con sus ojos. Pero esta vez no. Mencionó sus pies, sus muslos y luego su vientre. Hay un significado aquí que no debemos tomar a la ligera.

Debemos ver a Salomón y a su esposa ya mayores ahora. Han estado juntos por un tiempo. Salomón estaba aprendiendo a ver a su esposa en maneras diferentes que solo él podía ver. Nadie sabía cómo eran los muslos de la reina, excepto Salomón. El único que contempló y se regocijó en su vientre fue el rey. En el privilegio del matrimonio, este hombre llegó a conocer a su esposa como nadie más, y viceversa.

Maridos y esposas, uno de los regalos que Dios nos ha dado en el matrimonio es esta cacería del tesoro para encontrar en nuestro cónyuge cosas que nadie más puede (o debe) hallar. Qué gran regalo nos dio Dios, pasar décadas con alguien, si Dios quiere, en una relación de pacto segura, donde puede conocer esas intrincadas profundidades que nadie más puede ver.

Hay cosas acerca de Lauren que solo yo sé. Creo que hay veces que ella misma no lo sabe. Son cosas que solo me es dado ver a mí, aspectos de ella que son sorprendentes y hermosos que vienen junto con el honor de ser una sola carne con ella.

Y la forma en que puedo aprovechar este regalo es llamando su atención hacia esas cosas. A veces nos sentamos y hablamos de nuestras metas, de hacia dónde tratamos de ir juntos, si vamos conforme a lo planeado o no, cómo queremos tratar a los niños, y ese tipo de cosas, y esas son algunas de las ocasiones en que le digo: «Oye, he visto esto en ti. Creo que es sorprendente». Y ella me mira, sorprendida y complacida a la vez. Puedo ver que es de bendición para ella.

Si quieren echar leña al fuego del romance, esposos y esposas, aquí está lo primero que deben hacer: *poner atención.*

Ustedes tienen la oportunidad de ver cosas que nadie más ve. Así que presten atención, estudien a su cónyuge, aprendan de él o ella, y luego den la vuelta y aprovechen lo que aprendieron para demostrar su amor.

Hace años, conocí a un hombre llamado Dudley Collison, y me contó la historia de cómo se comprometió. Me dejó atónito. Comenzó por ir a recoger a su novia en su vehículo y conducir hacia el lago. Ahí, se subieron a una canoa y remaron a una pequeña isla en medio del lago, donde Dudley tenía preparado un almuerzo. Tuvieron una comida romántica y placentera juntos. Después del almuerzo, una lancha de motor llegó a toda velocidad a recogerlos a la isla, así que abordaron la lancha y navegaron por el lago un rato antes de volver a la orilla, donde había una limusina esperándolos. Se subieron, y el conductor los llevó a un aeródromo, donde abordaron un avión pequeño y sobrevolaron las hermosas colinas de Arkansas. Cuando aterrizaron en una pista de césped, estaban en un bonito campus universitario del área. Salieron del avión y él la llevó hasta la capilla del campus, donde todo estaba dispuesto como para una boda. Velas encendidas, flores por todas partes. Al frente, ella vio un sobre con su nombre, así que fue a abrirlo, y dentro estaba la propuesta matrimonial. Ella se dio vuelta, y Dudley estaba con una rodilla en el piso y el anillo en mano.

Por supuesto, ella dijo que sí. Luego, la escoltó hacia un camión que esperaba (en realidad era una pieza de chatarra que apenas andaba). Pero se subieron y condujeron a la cena, en donde él le explicó lo que significaban todos los vehículos.

Le dijo que el automóvil representaba la normalidad, por la realidad de que iban a tener mayormente días normales en su vida juntos. La canoa representaba las veces en que tendrían que trabajar juntos para llegar a algún lado. Y la lancha de motor era por la diversión que iban a tener. La limusina representaba a otras personas conduciéndolos, anticipando los tiempos de su vida que serían impactados por los demás. El avión era su travesía espiritual juntos. Finalmente, el camión viejo y destartalado representaba envejecer juntos.

Y así fue como le propuso matrimonio a su esposa.

Pero hay más. Se casaron en el día treinta y uno del mes. Dudley se dio cuenta de que hay siete meses con treinta y un días cada año, y en cada uno de esos días treinta y uno, él compra un pequeño presente para su esposa y lo pone en algún lugar para que ella lo encuentre. Siempre es algo que a ella le gusta, cosas de las que él ha tomado nota durante el resto de los días. Así que ella podría subirse al automóvil en el día treinta y uno de un mes cualquiera, encenderlo, y un nuevo disco compacto comienza a sonar. Es una linda sorpresa.

Él dice que después de quince años de matrimonio, en los días treinta y uno, ¡su esposa se despierta y comienza a buscar!

Lo conocí cuando yo era un estudiante universitario y pensé: *Enséñame, maestro Jedi.*

Muchos de nosotros necesitamos un poco de ayuda en estas cosas, ¿cierto?

Podemos ser honestos y decir que el ejemplo de Dudley puede ser un poco extremo. Pero podemos aprender mucho de él acerca de prestarle atención a nuestras esposas y aprovechar lo que vemos para bendecir el corazón de ellas.

La mayoría de los hombres desbordan todo el peso de su romance en tres días festivos: el cumpleaños de su esposa, su aniversario y el Día de San Valentín. Amigos, eso es bastante patético. Ustedes ser mejores.

Comiencen por ponerle atención a su esposa, y a convertir deliberadamente lo que aprendan acerca de ella en una bendición para ella. Elija un par de fechas en el año y haga algo realmente creativo, algo fuera de lo ordinario. Use *Google* si necesita ayuda con ideas. Dele un vistazo al libro *Date Your Wife* [Tenga una cita con su esposa] de Justin Buzzard. Hay muchos otros recursos disponibles.

Si presta atención, su esposa le dirá lo que le gusta y lo que no sin preguntarle. ¿Reconoce esos días en los que de alguna forma estuvo de acuerdo en ir al centro comercial con ella, e hizo caminata a marchas forzadas por todas las tiendas? Bueno, si deja de enfurruñarse, la escuchará decir cosas como: «Oh, eso está lindo», o «Me encanta eso», o «No me gusta nada ese tipo de cosas». Ponga atención a eso. Tome nota, literalmente si es necesario. Póngalas en su teléfono celular.

Ponga atención cuando ella comente cosas de las revistas, libros o comerciales de televisión. En los restaurantes, preste atención cuando ella comente sobre diferentes platillos y bebidas. No lo considere solo parloteo. Considérelo investigación.

Entonces, podrá convertir sus notas en regalos y sorpresas después. O tal vez, durante una conversación, podría traer a colación lo que a ella le gusta o le disgusta, y ella notará que ha prestado atención, y eso la bendecirá. Una mujer quiere desesperadamente que la conozcan. Posiblemente la ha escuchado decir de vez en cuando: «Siento como si no me conocieras en realidad». Esto es algo muy importante para ella. La comida, la bebida y la ropa podrán parecer pequeñas en un contexto más amplio, pero el que usted recuerde esas pequeñas cosas que le gustan o le disgustan es una forma de demostrar que está escuchando, poniendo atención y recordando. Hay formas de echar lecha en su hoguera.

Lleve flores a casa sin una razón en particular. Envíele mensajes de texto y correos electrónicos diciéndole que está pensando en ella.

¡Pero no olvidemos que los hombres quieren ser deseados y buscados también! Cuando Salomón se fue, su esposa salió disparada en busca de él; y eso debió haber sido una enorme bendición para él. Se fue a caminar y ella no pensó: *Bien, entonces, vete. No me importa*. Se fue tras él.

Hablando bíblicamente, en serio creo que los esposos deberían ser los principales procuradores de la relación, pero las esposas cargan con la responsabilidad de ocuparse de sus esposos tomando la iniciativa en alguna manera también.

Esposas, hay dos grandes maneras de hacerlo que bendecirán a sus esposos tremendamente. La primera es con palabras de ánimo y respeto. Edifíquelo. Todos los días, él tiene que lidiar con críticas, internas y externas. Si su esposo es como la mayoría de los hombres, los sentimientos de incompetencia y fracaso lo atormentan, y casi siempre luchará con inseguridad acerca de su masculinidad, sus fuerzas y sus dones. Usted se encuentra en una posición extraordinaria ya sea para aumentar esas inseguridades o para combatirlas, *y sus palabras significan todo para él.* Aparte de la voz de Dios en su Palabra, la suya es la voz más poderosa que influye en el corazón de su marido.

Ponga atención a las cosas que lastiman o sanan a su esposo, e intencionalmente pronuncie palabras que hagan esto último. Conviértase en un estudiante de sus gustos e intereses. Vuélvase una experta en sus fortalezas y no simplemente en una persona que nota sus debilidades.

La otra cosa importante es coquetear con su esposo. Muestre la iniciativa con cariño y sexo.

Prestarse atención mutuamente, convirtiéndose en estudiantes uno del otro, es una forma importante en que una pareja casada puede tejer el romance en la tela de su relación. Es un gran leño para el fuego.

Escápense

A veces deben tomar un descanso de la rutina.

Las vacaciones son grandiosas. Si tienen los medios para salir de la ciudad o apartarse de los hijos yendo a un hotel, o simplemente a una cita larga, aprovéchelo.

Para muchos, sin embargo, las finanzas no permiten tener muchas citas nocturnas o viajes, así que tendrán que ser más creativos para tomarse un tiempo y escapar juntos. Pueden aprender a redimir el tiempo juntos, no importa cuánto tiempo o dinero tengan.

Algunos de mis momentos favoritos con Lauren son temprano por la mañana antes de que los niños se levanten. Nos sentamos juntos en el porche trasero, leemos la Biblia, bebemos café y disfrutamos la quietud de la mañana. En esos momentos no siempre necesitamos hablar, pero estamos juntos, disfrutando los pequeños placeres de la vida, y es un tiempo muy dulce. Muchas veces, es una gran oportunidad para ponernos al corriente, escucharnos el uno al otro y compartir nuestro corazón. Es como una pequeña escapada para iniciar el día.

Cuando salimos en una cita por la noche, a menudo añadimos cosas al final para asegurarnos de llegar a casa después de que los chicos estén dormidos. Intentamos sacarle jugo a cada pedacito de tiempo que tenemos, ya sea durante el receso para almorzar, salidas de noche, relajarnos luego de que los niños se hayan dormido, o nuestro café matinal.

En esos momentos, traten de salirse de toda la locura que pasa en su vida y asegúrense de enfocarse solamente el uno en el otro. Porque si no lo hacen, incrementan la probabilidad de desquitarse con el otro.

Deben hacer lo posible para buscar un tiempo para estar juntos, enfocados y relajados disfrutándose mutuamente. Eso es exactamente lo que la esposa de Salomón le dijo a su esposo:

> Ven, oh amado mío, salgamos al campo,
> Moremos en las aldeas.
> Levantémonos de mañana a las viñas;
> Veamos si brotan las vides, si están en cierne,
> Si han florecido los granados;
> Allí te daré mis amores.
> Las mandrágoras han dado olor,

> Y a nuestras puertas hay toda suerte de dulces frutas,
> Nuevas y añejas, que para ti, oh amado mío, he guardado.
> (7:11–13)

«Vamos de vacaciones», dijo ella. «Escapémonos».

Y si lee bien entre las líneas poéticas, ahí, en el versículo trece, estaba siendo extremadamente erótica y coqueta al respecto, cuando básicamente dice: «Tengo todas esas frutas que tanto disfrutas. Y tengo cosas nuevas que mostrarte también».

¿Usted cree que, oyendo eso, él no va a reprogramar algunas reuniones? Estoy suponiendo que después de que ella dijo eso, su agenda se liberó muy rápido.

En nuestro aniversario, y un par de veces al año, le hago algunas preguntas a Lauren, como las siguientes:

¿Qué estoy haciendo bien?

¿En qué necesito mejorar?

¿Cómo puedo ayudarte?

Si usted le pregunta esas cosas a su cónyuge, debe hacerlo con un corazón que escucha y con un espíritu paciente. No puede preguntar poniéndose desde antes a la defensiva. Si verdaderamente tiene interés en incrementar el fuego en su matrimonio, tiene que pedir valientemente la apreciación de su cónyuge y considerarla con cuidado, reteniendo lo verdadero (vea 1 Tesalonicenses 5:21).

Esta es una de las áreas en nuestra relación en la que he tenido que crecer, porque durante un tiempo era realmente malo en eso. Si Lauren expresaba un sentimiento de cierta forma o me criticaba un poco, sin importar la validez de la crítica, yo era pronto en explicarle por qué sus sentimientos eran inválidos y su apreciación, incorrecta. Nunca reconocía que sus sentimientos fueran legítimos.

Así que se llevó algo de tiempo que Lauren confiara en mí lo suficiente como para decir: «Sí, creo que podrías hacer esto mejor. Creo que tal cosa sería de mayor ayuda en esta área», sin temer que yo fuera a atacarla o a ponerme a la defensiva, o a justificarme.

Responder correctamente es algo muy difícil de hacer a las seis treinta de la tarde cuando acabo de regresar del trabajo y hay tres niños ruidosos corriendo por doquier, y la cena está en proceso de preparación, ¿cierto? Ese no es el momento para este tipo de conversación. Pero si podemos escaparnos por un rato, podríamos hacerlo en un ambiente relajado y abierto.

Hagan lo que puedan para escaparse. Es un leño para el fuego.

Trabajen duro

Esa leña no apareció en mi porche por arte de magia. A pesar de que estaba oscuro y hacía un frío polar, sabía que mi amada quería una hoguera en la chimenea, y si iba a proveérsela, yo iba a tener que esforzarme.

Creo que probablemente el mayor enemigo para mantener el fuego ardiendo en nuestros matrimonios es la pura pereza.

Debemos protegernos constantemente de la tendencia a reducir la velocidad hasta llegar a dinámicas relacionales tibias. No creo que los fuegos de la pasión puedan estar siempre al nivel de la luna de miel, pero a todos los que estamos casados Dios nos llama a ocuparnos del fuego. Debemos observarlo, mantenerlo vigilado. Cuando baja, somos responsables de arrojarle más leña al fuego.

Si usted está en un punto en el que el fuego se ha apagado, donde toda la habitación parece oscura y fría, recuerde que los cristianos son gente de pacto. Nos hemos comprometido el uno al otro.

Al recordar esto, nos confesamos, nos arrepentimos, y buscamos el perdón de nuestro cónyuge, y comenzamos a descubrir cómo mantener esa llama ardiendo otra vez. Creo que la consejería matrimonial sería de gran ayuda para muchas parejas, pero muchas no van porque piensan que solo es para quienes están al borde del divorcio. O no quieren hablar con sus líderes, su pastor o un consejero de su iglesia porque parece demasiado vergonzoso o incómodo. Preferir la falta de vida en el matrimonio por encima de la vergüenza o incomodidad de recobrar el aliento de vida es pura pereza.

Las siguientes son algunas preguntas importantes que puede hacerle a su cónyuge: «¿Cómo puede ser más fuerte nuestro matrimonio?».

«¿Cómo puedo amarte y servirte de forma más efectiva?».

«¿Qué es lo que te hace sentir amado, valorado y deseado?».

Luego, con gran disciplina, busque recuperar, enamorar, nutrir, servir y aprovechar a su cónyuge. Él o ella es un regalo de Dios para usted, y está desperdiciando el don del matrimonio si no lo atiende activamente. No abandone ese fuego.

Creo que la única manera en que tengan posibilidades en la intimidad marital a un nivel profundo es sobrevivir de cinco a seis años. Muchos matrimonios en Estados Unidos no llegan al séptimo año. O, incluso, si el matrimonio está intacto, la relación no lo está. Esta consiste de dos personas que comparten la misma cama y tal vez la chequera, pero nada más.

Salomón y su reina trabajaron duro en su matrimonio. El tiempo pasó, los años trajeron arrugas y kilos, pero ellos aún se daban cumplidos el uno al otro, todavía se coqueteaban mutuamente, todavía se buscaban uno al otro. Eran deliberados.

El romance es una disciplina. No se puede ser perezoso y esperar que el romance florezca en su matrimonio.

Deléitense el uno en el otro

Esta es una dura verdad que considerar, pero no es opcional para el esposo y la esposa encontrar gozo mutuo. Ya sé que el gozo no siempre nos llega de forma natural. Nos gusta algo o no nos gusta; nos complace algo o no. Pero parte del trabajar duro y estudiar a nuestro cónyuge es hallar gozo en él o ella. Y debido a que nuestros cónyuges están hechos a la imagen de Dios, porque están equipados con dones, fortalezas y talentos (y especialmente porque hemos hecho un compromiso con ellos para amarnos en los buenos y en los malos tiempos), hay maneras de deleitarnos en ellos. Esta es la manera de Cristo, quien se regocija sobre nosotros (vea Sofonías 3:17).

Gary Thomas llamó pecado a estar recordando la insatisfacción en el matrimonio, y escribió:

> Cada vez que la insatisfacción matrimonial asoma la cabeza en mi matrimonio (como lo hace prácticamente en todos los matrimonios), simplemente reviso mi enfoque. Las ocasiones en que soy más feliz y estoy más satisfecho en mi matrimonio son cuando estoy resuelto a obtener sentido y satisfacción por convertirme en un mejor esposo, en vez de exigir una esposa «mejor».
>
> Si usted es cristiano, la realidad es que, bíblicamente hablando, no puede cambiar a su esposa por alguien más. Pero puede cambiar usted. Y ese cambio puede traerle la satisfacción que erradamente cree que se encuentra solo al cambiar de pareja. En cierto sentido, es cómico: Sí, necesitamos una pareja cambiada, pero la pareja que necesita cambiar no es nuestro cónyuge, ¡somos *nosotros*!

> *No sé por qué eso funciona.* No sé cómo se puede estar maritalmente insatisfecho y luego ofrecerse a Dios para que traiga un cambio a su vida, y encontrarse repentinamente más satisfecho con el mismo cónyuge. No sé por qué funciona, solo sé que lo hace. Se lleva tiempo, y con «tiempo» me refiero probablemente años. Pero si su corazón es impulsado por el deseo de acercarse más a Jesús, hallará gozo al tratar de ser como Jesús. *Nunca* encontrará gozo haciendo algo que ofenda a Jesús, tal como instigar un divorcio o una aventura.[1]

La insatisfacción llega muy fácilmente; pero, luego, nos esforzamos en justificar nuestra falta de deleite. No obstante, según la gracia de Dios en el evangelio, debemos estar luchando contra nuestra insatisfacción, esforzándonos más duro en lo que John Piper llama «el deber del deleite». Busque bien en su cónyuge; hay hermosura ahí, encanto y asombro. Puede hallar deleite, tal vez, incluso, el deleite original de los primeros días si mira lo suficientemente bien a través de las lentes de la gracia. Shirley Rice escribe a las esposas:

> ¿Está enamorada de su esposo?; no pregunté si lo ama. Sé que lo ama. Ha estado ahí un largo tiempo, y ya se acostumbró a él. Es el padre de sus hijos. ¿Pero está enamorada de él? ¿Cuánto tiempo ha pasado desde que su corazón se sintió estrujado cuando lo vio? [...] ¿Por qué ha olvidado las cosas que le atrajeron de él al principio? [...] Por la gracia de Dios, quiero que comience a cambiar su patrón de pensamiento. Mañana por la mañana quite sus ojos del tostador o de los biberones el tiempo suficiente para

> MIRARLO a él. ¿No nota cómo su saco ajusta en sus hombros? Mire sus manos. ¿Recuerda cuando de solo mirar sus manos fuertes su corazón se elevaba? Bueno, MÍRELO y recuerde. Luego suelte la lengua y dígale que lo ama.[2]

A medida que envejecen como pareja casada, a medida que las cosas cambian, aquello en lo que se deleitan también necesitan cambiar. O puede ser que necesiten un cambio en su enfoque.

En Cantares, siete, vemos que nuestra pareja ha envejecido junta y han hecho mucha de su vida juntos. Han trabajado mucho en ella. Y han cosechado un tremendo beneficio romántico de ello. ¿Cómo lo sabemos? Bueno, él habló sobre el cuerpo de ella, cómo seguía encontrándola absolutamente sexi, y ella dijo: «Trabajamos muy bien juntos, ¿no es así?»

¿Qué sucedió? Se fue la incomodidad. Sabían dónde estaban todos los botones, por así decirlo, así que sabían cómo oprimirlos. Eso no es algo que se aprende en el primer año de matrimonio; se lleva tiempo. Se lleva años. Necesita mucho trabajo arduo, mucho estudio y mucha gracia.

Tenemos la imagen del sexo marital joven como el mejor sexo, pero en realidad ese es un concepto falso. Si usted mantiene la fogata ardiendo a lo largo de su matrimonio, cada día se pone mejor. Usted se vuelve mejor en ello, en primer lugar. Pero también aprenden el cuerpo del otro; obtienen el fruto de todo su trabajo.

Y esto es así para mucho más que solo sexo. Las parejas que atraviesan épocas difíciles, soportan conflictos, trabajan por la paz a través del evangelio de Dios y aguantan hasta el final, hallan que sus últimos años son increíblemente agradables e intensos. Las dificultades los hacen así, como la presión que convierte al carbón en diamante.

Usted puede imaginarse una pareja vieja manejando a tientas los botones del otro y pensar ¡Puaj! Pero es hermoso. Es el fruto de su arduo trabajo.

En el capítulo, ocho, Salomón y su esposa dan volteretas como una pareja de ardientes recién casados:

> ¡Oh, si tú fueras como un hermano mío
> Que mamó los pechos de mi madre!
> Entonces, hallándote fuera, te besaría,
> Y no me menospreciarían.
> Yo te llevaría, te metería en casa de mi madre;
> Tú me enseñarías,
> Y yo te haría beber vino
> Adobado del mosto de mis granadas.
> Su izquierda esté debajo de mi cabeza,
> Y su derecha me abrace.
> Os conjuro, oh doncellas de Jerusalén,
> Que no despertéis ni hagáis velar al amor,
> Hasta que quiera. (vv. 1–4)

Al final de todo, ella miró su travesía en retrospectiva y dijo: «Lo hicimos de la forma correcta». Tuvo una sensación de satisfacción, de profundidad, de gratitud que culminó con esta gloriosa proclamación: «No despertamos al amor hasta que fue tiempo, y el resultado ha sido un amor incomparable, insaciable». Todo el arduo trabajo, el conflicto, el romance, las arrugas y el peso extra, todo valió la pena.

Este es el fruto más dulce, el tipo de fruto que nace de un largo romance.

Usted puede comenzar hoy, ahora. No tiene que darse por vencido por haber desperdiciado el tiempo. Solo deje de desperdiciarlo. Si Cristo está en su matrimonio, el fuego matrimonial puede encenderse nuevamente. Preste atención, haga tiempo para ustedes, trabaje duro y deléitese plenamente.

CAPÍTULO 8

NO ME VOY A NINGÚN LADO

Cantares, ocho, es probablemente el capítulo más difícil del libro. Nos presenta la visión de una vida bien vivida, una imagen de la etapa final en la que podemos mirar atrás y casi escuchar al Salvador decir desde la meta: «Bien hecho, buen siervo y fiel».

Desde nuestra perspectiva terrenal, la vida parece demasiado difícil. Suponiendo que vivamos tanto, ¿qué se necesitará para que lleguemos a los días de gran edad y sonriamos con profunda satisfacción?

Por algún tiempo he tenido la visión de cómo me gustaría que se viera mi vida a mis ochenta años. Tal vez no llegue tan lejos; aun así, tengo esta imagen mental. Estoy sentado en el porche trasero con mi esposa, bebiendo nuestro café y pasando un tiempo con mis amigos, Bleaker, Dough, Josh y Bryan. Estamos reflexionando sobre nuestra vida ministerial juntos y maravillándonos de lo que Dios ha hecho a través de un grupo de tontos como nosotros. Contamos historia tras historia de su fidelidad. «¿Se acuerdan cuando Dios hizo eso? ¿Recuerdan cómo nos rescató esa vez? ¿Recuerdan cuando hizo eso tan sorprendente?»

Y luego me pongo a jugar con mis nietos. Me pongo a observarlos correr y jugar, cantar y bailar, y mi arrugado rostro sonríe.

Luego, con la fuerza que me quede, me levanto para ir a predicar.

Deseo predicar a los ochenta porque uno puede salirse con la suya en cosas en las que simplemente no puede hacerlo cuando está en sus treintas o sus cuarentas. Cuando se tienen treinta o cuarenta, la gente siempre actúa así: «Tenemos que hablar con él de ese asunto». Cuando se tiene ochenta, la gente dice: «Bueno, ya sabes, tiene ochenta años». Me figuro que, si llego a ese punto, habré servido fielmente por tanto tiempo, que se me concederá estar algo loco.

Haciendo las bromas a un lado, yo solo quiero llegar ahí. Tengo en la cabeza y en el corazón el gran deseo de alcanzar esos momentos. Quiero llegar al punto en el que mi guerra, por así decirlo, ha terminado, y aunque todavía estoy en la batalla, hay hombres más jóvenes y fuertes en las líneas del frente a quienes puedo aplaudir, animar y edificar.

Ahora bien, he aprendido en los últimos años que la probabilidad de que llegue a los ochenta no es tan grande. Tras mi batalla contra el cáncer cerebral, he tenido una sucesión significativa de exploraciones por TAC (Tomografía Axial Computarizada) que han salido limpias; sin embargo, no es tan probable que llegue a los ochenta. Pero conozco al Dios a quien sirvo. Le confié mis días, sabiendo que nunca nada le sorprende. No tengo prometido siquiera el día de mañana. No tiene que ser cáncer lo que me saque de aquí.

Aun así, el pensamiento de terminar bien todavía me impulsa. Solo quiero llegar al final de mi carrera. Si es en dos años a causa de un tumor cerebral o un choque de auto la próxima semana, o en paz mientras duermo cuando tenga ochenta y cinco años, quiero correr bien mi carrera. Quiero llegar al final y saber que de la mejor manera que pude, por la gracia de Dios, me entregué a Él. Quiero ser capaz de decir que intenté ser modesto, exaltar a Cristo y caminar en humildad.

Quiero que mi vida exprese una humildad que diga: «Cristo es el supremo tesoro. Cristo es quien debe ser exaltado. Cristo debe ser a quien usted celebre y ame. Y yo no hice otra cosa, sino lo que Él me pidió».

Así es como quiero que acabe.

Y retengo esta visión ante mí, iluminado por la luz de mis diecisiete años con Lauren, orando por muchos más. No soy perfecto. No cumpliré esta visión de forma perfecta. Siempre encuentro mucho pecado nuevo en mí del que necesito arrepentirme. Cuando miro hacia atrás, veo mucho lamento, algunos pecados de los que me arrepentí mucho tiempo atrás que todavía me persiguen hoy día. Pero sé que Dios es fiel y que Él se llevará la gloria.

Por lo que sabemos dado el contexto de la línea histórica bíblica, la historia de Salomón a la larga se dirigió hacia una insensatez verdaderamente pecaminosa. Pero eso no niega la sabiduría que nos dejó. Hay todavía mucho por aprender de él en la inspirada Palabra de Dios. Creemos que el Espíritu Santo obró en ese hombre, y yo confío que el Espíritu Santo obre a través de mí.

Así que esto es lo que vemos en nuestro último capítulo juntos: cómo podemos terminar bien. Y lo primero que debemos recordar al establecer una visión para terminar bien la vida es que, aunque disminuya la velocidad en muchas formas, usted no deja de avanzar.

Aún en la búsqueda

Volvamos a analizar Cantares 8:1-3 y echemos nuevamente ese vistazo a la vida romántica de Salomón y su esposa.

> ¡Oh, si tú fueras como un hermano mío
> Que mamó los pechos de mi madre!
> Entonces, hallándote fuera, te besaría,
> Y no me menospreciarían.
> Yo te llevaría, te metería en casa de mi madre;
> Tú me enseñarías,
> Y yo te haría beber vino
> Adobado del mosto de mis granadas.
> Su izquierda esté debajo de mi cabeza,
> Y su derecha me abrace.

Una de las cosas que vemos en esta pareja ya de edad, a pesar de toda su historia juntos y la familiaridad que tenían uno con el otro, es que todavía se buscaban mutuamente. Revisando estos pocos versos, vemos cosas como las siguientes:

> «Hallándote».
> «Te besaría».
> «Te llevaría».
> «Te metería».

Pueden haberse movido más lentamente, pero su amor no disminuyó. Firmemente rehusaron ceder a convertirse en compañeros de habitación civilizados.

Además, note cómo se demostraron su amor, primero en público (en las calles) y luego en privado (en la casa). Su amor no era un espectáculo. No se tomaban las manos en público para guardar las apariencias y luego eran fríos tras puertas cerradas. Ni reservaron todo su cariño para los momentos privados.

Cada vez que ve a una pareja de edad avanzada juntos en el parque o en un restaurante, y ellos son tiernos uno con el otro, tomándose de las manos y hablándose con dulzura, ¿no le conmueve? Tal vez él abre las puertas para ella o le ayuda a salir del automóvil. Tal vez ella limpia la comida del mentón de él o le ayuda a ordenar porque él ya no puede ver o escuchar muy bien. Son cariñosos el uno con el otro en un modo dulce, de tal forma que puede ver cuán en sincronía están, cómo el ritmo de su vida los ha llevado a esta gran unidad romántica en su edad avanzada. Eso es muy conmovedor.

El alma humana es algo muy profundo y, en diferentes etapas, el corazón se manifestará de diversas formas.

Sin importar la etapa de nuestra vida, sin importar en dónde estemos en nuestro matrimonio, todavía hay una búsqueda. En este momento, no deje a su mente cambie a piloto automático. No piense: *Bueno, me preocuparé por eso cuando tenga ochenta* años. No, no es de esa forma que se llega a los ochenta. Invierta en ese hermoso futuro. Siga persistiendo. No se detenga.

Continúe buscando el corazón de su cónyuge. Siga impulsando el evangelio en el espíritu de él o ella. Siga queriendo más.

Cuando llegue ahí, podría estar listo para retirarse de tantas cosas, pero nunca debe retirarse de enamorar a su cónyuge. No trabaje esperando el día para renunciar. Trabaje para el día de su muerte.

Así es como ocurre la verdadera longevidad. Nunca vamos a llegar al punto en el que podamos decir: «Ahora te conozco», simplemente porque eso no sería cierto. Somos llamados cada día a conocer y a buscar a nuestro cónyuge más profundamente.

Permanecer

Ahora, avanzamos en el Cantar:

> Ponme como un sello sobre tu corazón, como una marca sobre tu brazo;
> Porque fuerte es como la muerte el amor;
> Duros como el Seol los celos;
> Sus brasas, brasas de fuego, fuerte llama.
> Las muchas aguas no podrán apagar el amor,
> Ni lo ahogarán los ríos.
> Si diese el hombre todos los bienes de su casa por este amor,
> De cierto lo menospreciarían. (vv. 6-7)

Para que quede constancia, la palabra «amor» en este pasaje es esa palabra *ahava*. Es el amor tenaz, el amor del «no me voy a ningún lado».

Ahava es tan fuerte como la muerte. Sus destellos son feroces, alimentados por el fuego consumidor que es Dios. Todos los océanos que cubren la tierra no pueden ahogar a *ahava*. Vale más que todos los tesoros del mundo.

Si vamos a ser fieles hasta el final, a menudo tendremos que apoyarnos en el pacto que hicimos con nuestro cónyuge y con el Señor. Necesitaremos acudir una y otra vez, por la gracia de Dios, a este devoto *ahava*, que dice: «Para mí no es una opción irme a cualquier lado porque Jesús no abandona a su novia».

Toda mi vida he estado físicamente en forma. Soy alto y delgado y siempre he sido fuerte para ser un hombre tan delgado como soy. Me han dicho que tengo una presencia poderosa. Me gusta divertirme, bromear, y he sido bendecido con lo que parece una cantidad inagotable de energía. Estas son las cosas que atrajeron a Lauren hacia mí. Ella a menudo me describía como el «coordinador de recreación» de nuestra familia.

Pero entonces me enfermé.

Y toda esa fuerza y vitalidad, en cuestión de meses, sencillamente, se desvaneció. Se fueron la capacidad de ser juguetón, de ser creativo, de bromear. No solo eso, sino que mi capacidad de cuidar de mí mismo, de hacer tareas muy simples, se desvaneció. No podía ni siquiera tomar una ducha yo solo, y el tipo de compañía que necesitaba en ese momento no era sexi, ¿me explico? Hasta perdí la capacidad de mantenerme en pie.

Perdí mucha de mi habilidad de ser, en cierto modo, *yo mismo*. No había manera en que pudiera enamorar a mi esposa. Mi deseo de intimidad sexual se había ido. Por un tiempo comencé a cuestionar lo que las cirugías cerebrales me habían hecho. Me preguntaba si, de lograr superar este cáncer, siempre sería incapaz de hacer algunas de las cosas que disfrutaba tanto. Tal vez iba a estar así de estropeado por un largo tiempo.

Lauren me vio en mi peor condición. No era el tipo de persona depresiva con mentalidad de «Los odio a todos», pero estaba en mi peor condición en términos de debilidad, falta de atractivo, inestabilidad, incapaz de ir por mí mismo al baño para poder vomitar y recostarme en el frío azulejo del baño. Era un desastre. Y en aquellos momentos, alabé a Dios por el amor *ahava.* Cuando miro en retrospectiva, todavía alabo a Dios por el amor *ahava.*

¡Alabo a Dios porque esta clase de amor emotivo y volátil, tipo Cupido y San Valentín, no es lo que esperamos que nos mantenga juntos! Gloria a Dios porque el amor que confiamos que evitará que nos desintegremos es *ahava*. Gloria a Dios porque en el estado lamentable y desastroso en el que me encontraba, mi esposa era un recordatorio frecuente de la gracia de Dios sobre mí. Ella no se dio la vuelta y huyó. Se quedó conmigo, ayudándome, amándome y cargándome. Lauren demostró su amor hacia a mí en esto: ella vivió un amor *ahava* incluso cuando yo no podía corresponderla.

///

Los primeros siete años de nuestro matrimonio fueron muy difíciles. Mi corazón se oscureció en múltiples ocasiones. Recuerdo una ocasión en particular porque marcó un verdadero giro en nuestro matrimonio. Yo le dije a Lauren algunas cosas muy crueles ese día. Estaba frustrado; estaba enojado. Pensé que ella era egoísta y egocéntrica, y se lo dije. Admito con vergüenza que *deseaba* herirla.

Yo estaba en la cocina y ella estaba en una habitación contigua, sentada en una silla. Yo me estaba portando terrible, lleno de odio, y escupí algunas palabras que supe que calarían hondo. Ni siquiera me lamenté haberlas dicho; quería herirla.

Este veneno salió de mi boca, y yo estaba que echaba humo. No soy gritón, pero como probablemente algunos de ustedes saben, tengo la voz algo fuerte, así que a menudo no necesito gritar. Solo saqué las palabras y esperaba que lastimaran duramente. Estaba en la cocina actuando como un gran bebé, haciendo ruido con los platos.

Nunca olvidaré esto: Lauren vino de la otra habitación. Yo estaba preparándome para cualquier cosa que me arrojara y estaba listo para responder. Pero ella vino y me asió. Después me acercó a ella y comenzó a llorar. Lloró, lloró y lloró mientras me abrazaba. Dijo: «No sé qué sucedió contigo, pero no me voy a ningún lado».

Esas fueron quizá las palabras más poderosas que había escuchado hasta ese punto en nuestra relación. Estaba en la peor de mis condiciones, y ella tenía todas las razones del mundo para decir: «Olvídalo. Olvídame. Se acabó». Pero no lo hizo.

«No me voy a ningún lado».

¿Puede creerlo?

Me quebrantó. Me lastimó (en el buen sentido), en la manera correcta. Me sorprendió y me ayudó en una forma que nunca podría haber previsto o imaginado.

«No me voy a ningún lado», dijo.

Y entonces fue cuando dije: «Voy a conseguir ayuda».

¿Se da cuenta? Eso es *ahava*. Esa clase de amor no dice: «Oh, es fuerte y gracioso. Me encanta la forma en que hace esto y aquello». Es el tipo de amor que dice: «Esto es horrible y me lastima mucho, pero Dios es bueno y es poderoso, y por su poder, soportaré y daré gracia».

Ahava es fiel hasta el fin porque los cristianos somos personas que se apoyan en el pacto de gracia. Somos gente que dice: «No, no me largo. Me he entregado a esta persona para bien o para mal».

No significa que no busquemos ayuda. No significa que nos quedemos cuando hay situaciones de abuso, solo significa que somos fieles al pacto al que entramos con Dios y con nuestro cónyuge.

Creo que una de las mayores mentiras que tendemos a creer es que, con quien sea terminemos, esa persona debe completarnos. Pero la realidad es que con quien sea que usted se case, va a decepcionarlo. De hecho, la persona con la que se casó probablemente será responsable de sus heridas más profundas.

Incluso, en el mejor matrimonio habrá dificultades que vencer. Habrá días difíciles. Habrá patrones de conducta frustrantes. Habrá crisis que expondrán áreas del corazón que usted ni sabía que estaban ahí.

Salomón dijo: «Ponme como un sello sobre tu corazón». Séllalo. Y luego siguió hablando acerca de la «violencia» de *ahava*. No estaba hablando de la violencia física, sino de un tipo de fortaleza resuelta, de la misma clase que la que Jesús mencionó cuando dijo: «Desde los días de Juan el Bautista hasta ahora, el reino de los cielos sufre violencia, y los violentos lo arrebatan» (Mateo 11:12). Es la clase de fortaleza que dice: «No me vas a mover de este lugar. No me vas a sacar de esta actitud. Voy a amar. Contra toda lógica, soportando todas las tormentas, me quedaré».

Aquí, en Texas, disfrutamos de un sentido muy raro del orgullo. El orgullo por el lugar aquí es mayor que en cualquier estado en el que yo haya vivido. Es algo como: «Somos más grandes, somos mejores; deberíamos ser nuestro propio país; podríamos hacerlo mejor que cualquiera». Por ejemplo, por lo que yo sé, ningún otro estado tiene la proliferación de calcomanías en las defensas que dicen: «No nací aquí, pero vine tan pronto como pude». Eso es Texas.

Algo de ello está arraigado en las leyendas y tradiciones de nuestro estado. Primero, ha habido seis banderas ondeando sobre el estado de Texas. Y no me refiero a las del parque de diversiones *Six Flags*. Ha habido seis naciones soberanas que nos han gobernado. Una de esas banderas fue la nuestra: la República de Texas. Y ahí andamos. Hemos sobrevivido, perdurado.

En lo más profundo de los valores de todo texano está la Batalla del Álamo. ¿Qué sucedió ahí? Bueno, un grupo de hombres irremediablemente superados en número resistieron y dijeron: «¡Venga!». Y luego todos murieron. Es decir, así termina la historia. Todos murieron. Pero resistieron. Encajaron sus botas en el suelo y dijeron: «Si me vas a quitar de aquí, vas a tener que quitarme la vida. Vamos a conseguir para nuestros hermanos, para nuestras hermanas, la oportunidad de vivir para luchar un día más, así que clavo mis botas. Y si vas a intentar sacarme de aquí, vas a tener que matarme». Y así lo hicieron.

Esa es una imagen de *ahava*. Enterrar las botas en el suelo. Resistir. Decir: «¡Venga!».

Eso es lo que hace el día de su boda. Ese es el voto que hace. «Hasta que la muerte nos separe».

¡Que venga la inundación! Las muchas aguas no apagarán *ahava*. No puede inundarse.

¡Que venga la pobreza! *Ahava* es mejor que todas las riquezas del mundo.

¡Que venga la muerte! *Ahava* nunca morirá.

Prepárese ahora para apoyarse en ese pacto. Prepárese para los días oscuros, los meses oscuros, los años oscuros. Este es un mundo imperfecto y nadie se va sin sangrar. De modo que, en nuestra mente y corazón, es sabio entender que esta vida va a ser difícil.

Ahora bien, ¿qué significa eso para el abandono? ¿Qué significa eso para el abuso físico? ¿Qué significa para el adulterio serial y obstinado? Bueno, creo que esas son algunas categorías singulares. La Biblia se refiere a ellas en diferentes formas. Obviamente, si usted ha sido abandonado, ya no tiene opción de quedarse. No hay nadie con quién quedarse. Pablo dijo explícitamente que, si esto sucede, usted es libre.[1]

Si está sufriendo abuso físico, yo no aconsejaría que se quede en esa situación. Debe salir de ella. Hable con las autoridades, hable con sus pastores, hable con su familia. No creo que el divorcio sea siempre la opción necesaria, pero no le aconsejaría a alguien que está sufriendo abuso físico que «se aguante». Traer solución y, posiblemente, arrepentimiento y restauración a situación tan tóxica no funciona así. Debe salir de ese ambiente, y si necesita ayuda para hacerlo, tiene todo el derecho de recibirla.

Ante los pecados «normales» en el matrimonio, el desorden y la imperfección, aunque puedan ser muy difíciles y desgastantes, debemos recordar que los votos existen precisamente para esas experiencias. En realidad, no necesita hacer un voto para quedarse con alguien durante los mejores tiempos. La inclinación a huir no existe en ese momento. Es para los momentos difíciles que se hizo el pacto.

¿No es eso un recordatorio de que la gracia existe para el pecado? No necesitaríamos gracia si no fuéramos pecadores.

Mientras hace planes para el futuro de su matrimonio, y anhela esos años del ocaso, recuerde sus votos de *ahava* para que, en los días más oscuros, en los momentos más críticos, cuando toda esperanza parezca perdida, pueda decir: «No me voy a ningún lado», y cuando finalmente haya llegado, pueda regocijarse en que resistió hasta el final feliz.

Siga edificando

Ahora leamos el final del Cantar y veamos hacia dónde se vuelca la atención en el final de la carrera de esta pareja:

> Tenemos una pequeña hermana,
> Que no tiene pechos;
> ¿Qué haremos a nuestra hermana
> Cuando de ella se hablare?

Si ella es muro,
Edificaremos sobre él un palacio de plata;
Si fuere puerta,
La guarneceremos con tablas de cedro. (vv. 8-9)

Este era el coro sonando, diciendo básicamente: «Oigan, tenemos una hermana joven que todavía no llega a la pubertad. Todavía no es una mujer. ¿Qué vamos a hacer cuando se aparezca un hombre en su camino?».

Si es un muro, construirán una armadura sobre ella para que ningún hombre pueda alcanzarla. Si es una puerta, construirán con cedro a su alrededor para que no puedan llegar a ella.

Así es como respondió la reina:

Yo soy muro, y mis pechos como torres,
Desde que fui en sus ojos como la que halla paz.
Salomón tuvo una viña en Baal-hamón,
La cual entregó a guardas,
Cada uno de los cuales debía traer mil monedas de plata por su fruto.
Mi viña, que es mía, está delante de mí;
Las mil serán tuyas, oh Salomón,
Y doscientas para los que guardan su fruto. (vv. 10–12)

Salomón volvió a unirse a la canción: «Oh, tú que habitas en los huertos, los compañeros escuchan tu voz; házmela oír» (v. 13).

Esta es la tercera clave para permanecer juntos y terminar bien en su matrimonio: mirar no solo hacia el cielo, sino hacia el legado que queda detrás de ustedes.

Recuerde que allá, en el capítulo, ocho, versículo, cuatro, escuchamos una repetición de la advertencia de no «despertar al amor hasta que quiera». ¿Por qué está ahí? Es decir, si estaban envejeciendo juntos, ¿por qué se preocuparían por esto? ¿No había ya pasado, hacía mucho, el tiempo de despertar al amor?

Mire, hay un leve giro en el texto hebreo ahí, y no es a Salomón a quien la reina está diciendo: «No despierten al amor hasta que sea tiempo», sino a las «hijas de Jerusalén». Estaba aconsejando a otros.

En los versículos ocho al nueve surge el tema de la generación más joven. ¿Qué hace usted con las jovencitas (y, podemos suponer, los jovencitos)? Salomón y su esposa tuvieron la sabiduría de compartir con la generación más joven. Su ministerio no había terminado; solo había cambiado algo de su enfoque. No retiraron su sabiduría ni se fueron a vagar. Siguieron edificando un cimiento para el futuro, para las generaciones que vendrían después de ellos.

Repentinamente, todos sus errores y pecados no parecían un desperdicio. Tenían muchas cosas que enseñar, y mucho de esa enseñanza consistía en qué *no* hacer. Esa es una gran forma en que Dios aprovecha nuestros pecados y nuestra insensatez.

No hay experiencia de gozo o de pérdida que no sea redimida por Cristo y no sea ahora usada por el Espíritu Santo de Dios para ministrar a los demás. Lo que tiende a dominar a la gente cuando falla es ese sentimiento de incompetencia, como si la pérdida no pudiera ser redimida. Ese pensamiento es erróneo. Cada falla de nuestra vida, incluso los defectos, cada tropiezo, cada rodilla sangrante, cada nariz rota es redimida por Cristo y usada por el Espíritu Santo para ayudar a formar, moldear y servir al que viene detrás de usted.

La Biblia es muy clara acerca de cómo debemos tratar a los que son más jóvenes que nosotros, ya sea en edad o espiritualmente. Sopese Tito 2:2-8:

> Que los ancianos sean sobrios, serios, prudentes, sanos en la fe, en el amor, en la paciencia. Las ancianas asimismo sean reverentes en su porte; no calumniadoras, no esclavas del vino, maestras del bien; que enseñen a las mujeres jóvenes a amar a sus maridos y a sus hijos, a ser prudentes, castas, cuidadosas de su casa, buenas, sujetas a sus maridos, para que la palabra de Dios no sea blasfemada. Exhorta asimismo a los jóvenes a que sean prudentes; presentándote tú en todo como ejemplo de buenas obras; en la enseñanza mostrando integridad, seriedad, palabra sana e irreprochable, de modo que el adversario se avergüence, y no tenga nada malo que decir de vosotros.

La generación más joven nos alagará como ejemplo de sabiduría porque hemos invertido en ellos, les hemos enseñado, hemos sido sus mentores y los hemos animado. Edificamos un legado de fe y resistencia para que ellos continúen haciéndolo crecer. Sentamos un fuerte fundamento para la siguiente generación en el ministerio.

Cuando llegué a pastorear *The Village Church*, éramos una iglesia de 160 personas aproximadamente. Yo tenía veintiocho años. Lauren estaba embarazada de nuestra primera hija. Muy pronto contratamos a un hombre llamado Gilbert Montez, un hombre mayor cuyos hijos ya eran adultos.

Alabo a Dios por ese hombre, porque me sentía perdido en muchos sentidos, no tenía idea de cómo hacer las cosas. Había leído todos los libros e investigado todo lo que había podido, pero hay un momento en el que la investigación se desarma en la línea de fuego.

Luego, vino al mundo nuestra hija Audrey. No podíamos dormir. Cuando eso es todo lo que conoce, piensa: «¡Caramba!, ¿así será el resto de mi vida? ¿Alguna vez volveré a dormir? ¿Lograré no estar cansado alguna vez? ¿Alguna vez podrá decirme lo que quiere?».

Gilbert se acercó a mi esposa y a mí y dijo: «No siempre va a ser así. Es una temporada. Sean fieles en ella. Disfrútenla. No durará mucho». Habló verdad a nuestro matrimonio y vertió mucha sabiduría en mí.

Ha habido mujeres mayores que se han acercado a mi esposa y han sido sus mentoras; ellas le han enseñado mucho.

No me importa si usted tiene veintisiete años y su matrimonio está saliendo de una temporada a la que usted calificaría como un desastre total. A medida que el Señor, por su gracia, lo hace crecer, lo sana, y comienza a crear una nueva dinámica de relación entre usted y su cónyuge, sus experiencias serán invaluables. Sus días oscuros se convertirán en joyas que heredará más adelante en su vida. Durante los primeros cinco o seis años en *The Village*, éramos tan terriblemente jóvenes que era vergonzoso. Lo detestaba. Anhelábamos algo de la experiencia que dan los años.

Teníamos a muchos jóvenes de veinte años ahí, dándose consejos unos a los otros. Era como hombres ciegos describiéndole la visión a otros ciegos. Estábamos cometiendo muchos errores, pero no lo sabíamos. Era como encontrar minas enterradas parándonos en ellas.

No necesitábamos que un montón de gente viniera y actuara como si hubiera una forma de que esas minas nunca nos explotaran. Solo necesitábamos que vinieran personas que se hubieran parado sobre algunas de esas minas y nos ayudaran para saber qué buscar. Necesitábamos gente con algunas cicatrices, algunas arrugas, algunas canas, *con sabiduría duramente ganada* para que nos ayudaran a crecer. Necesitábamos gente que hubiera llegado lejos para que nos ayudara a avanzar.

No permitan que el enemigo les haga sentir que sus tropiezos y fallas matrimoniales no tienen redención. De hecho, permitan que esas fallas y tropiezos sean redimidos por el Señor, y aprendan cómo servir al Señor juntos en esas deficiencias.

Ahora, Lauren y yo nos estamos reuniendo frecuentemente con una pareja. A veces solo cenamos. Sé que todo lo que hacemos en esa cena es navegar por los conflictos de su relación. Han estado casados solamente por unos pocos años. Lauren y yo podemos buscar en nuestro cofre del tesoro de tropiezos y ayudarles. No andamos por ahí, pensando: ¡Cielos! ¡Quisiera que esos siete años regresaran! ¡Hombre! ¿Cómo puedo hablar de matrimonio ahora? ¿Cómo es posible que me pare aquí y predique lo que he predicado cuando he fallado tan miserablemente en tantas de estas áreas?

No, no. La cruz me invita a compartir. La cruz me invita a gloriarme en mis debilidades.

La gracia de Dios dice: «Hermano, has aprendido más que muchos»

¿Quién puede ayudar y comprender compasivamente al alcohólico sino aquel que ha sido libertado del alcoholismo? ¿Quién está más calificado para animar a los que luchan en el matrimonio que aquellos que llevan algunas cicatrices, pero lo lograron?

Una de las claves para la longevidad es servir al Señor juntos. Seguir edificando, seguir edificando, seguir edificando.

Uno de mis gozos mayores en esta época de mi vida (y no soy un hombre viejo, lo sé, pero estoy un poco avejentado) está en cómo Lauren y yo somos capaces de ministrar tan bien juntos. Por supuesto, hay cosas que hago solo y Lauren tiene cosas que hace sola, pero intentamos, tan a menudo como sea posible, que esas cosas coincidan. Nos mantenemos en sintonía el uno con el otro para que, en la medida de lo posible, ella se sienta parte de mi ministerio, y yo del de ella. Servimos al Señor juntos. Es parte de nuestra salud matrimonial.

Como pastoreo una iglesia en crecimiento constante y administro una plataforma ministerial creciente, ella está muy involucrada y me apoya en la lucha. El Señor *nos* ha llamado a este ministerio, no solo a mí.

Estamos edificando juntos. Y por la gracia de Dios, año con año, seguiremos edificando juntos, pasando la batuta a medida que Dios llama pastores y parejas más jóvenes y activos. Y cuando nuestras rodillas se vuelvan frágiles, nuestras manos comiencen a temblar y nuestros ojos se debiliten, planeamos seguir edificando, lo mejor que podamos, para dejar el mejor legado que podamos para que la generación que viene detrás de nosotros tenga tanta sabiduría como sea posible.

Continúe creyendo

Me encanta cómo termina el Cantar de los Cantares. Mire esto: «Apresúrate, amado mío, y sé semejante al corzo, o al cervatillo, sobre las montañas de los aromas» (8:14).

Concluimos de forma muy similar a como comenzamos: con búsqueda, deseo y esperanza. El Cantar comenzó con la esperanza romántica de: «¡Oh, si él me besara con besos de su boca!» (1:2) y termina con: «¡Sigue saltando por esas colinas! ¡Regresa a mí! ¡Sigue buscándome!».

Lo que marca nuestras relaciones como hombres y mujeres, esposos y esposas, es la constante búsqueda mutua para la gloria de Dios y para nuestro gozo eterno. ¿Por qué? Porque esa es la forma en que Dios lo diseñó para que funcione, y en el buen diseño de Dios se hallan nuestro gozo y nuestra gloria.

Su necesitad de un Salvador nunca será más evidente para usted que cuando intenta andar fielmente en la sabiduría que el Cantar de los Cantares presenta. Y de este modo, mi más sincera esperanza para usted, para mí, es que el Espíritu Santo nos sostenga fielmente hasta el final. Que luchemos para no volvernos simplemente buenos compañeros de habitación. Que nos apoyemos con fuerza en el pacto en los días difíciles. Y que podamos ver nuestros defectos redimidos y que sirvan para facultarnos a fin de ser mentores de fortaleza y sabiduría en el quebrantamiento de otros.

Que vayamos, año tras año, sirviendo al Señor juntos con alegría. Y que nuestro corazón y nuestra vida sean marcados por una búsqueda mutua, legítima, diaria. No será fácil. Nos distraeremos. Dios nos ha dado las herramientas de arrepentimiento, confesión y perdón. Él ha puesto frente a nosotros los métodos para luchar bien. Nos ha mostrado cuán importante es buscar consejo externo. Nos ha demostrado cómo responder ante el que busca perdón.

Independientemente de la etapa de su vida, la primera relación que yo pasaría mucho tiempo sopesando es la relación con Dios. Lea esto atentamente, para que no esté pensando ambiguamente como: «Sí, amo a Dios». De lo que hablo respecto a nuestra relación con Dios no es que usted se comporte de una manera específica, sino que haya rendido su vida a Jesucristo.

¿Encuentra su alegría fundamentalmente en Cristo? Solo en Él se encuentra la máxima alegría.

Aprenda a encontrar su descanso solo en Cristo. Aprenda a apoyarse en Él como su única fortaleza y sabiduría. Si no lo hace, ninguna otra cosa tendrá esa clase de sentido eterno.

Si no comprende que Cristo murió por sus pecados, y si no sabe que es amado, perdonado y adoptado, entonces se perderá del gozo que ninguna cita, boda o matrimonio podrá darle jamás.

Es el evangelio, y nuestra creencia en él, lo que hace de las citas, el cortejo, el compromiso, el matrimonio y el envejecer juntos algo increíblemente vibrante. Entendemos que Dios sigue perdonándonos las mismas cosas una y otra vez, que inspira nuestra paciencia hacia nuestro cónyuge. Es el increíble romance de Dios hacia nosotros, la novia de Cristo, lo que inspira y motiva a nuestro romance y búsqueda de nuestro cónyuge.

Así que, ante todo, debemos considerar a Jesús. Debemos sopesar esta salvación maravillosa ofrecida a nosotros en Cristo.

Es posible tener un buen matrimonio fuera de Jesucristo. Nuestros vecinos de la casa de al lado fueron no creyentes por años, y era algo asqueroso verlos. Estaban en sus sesentas, y estaban afuera, en el jardín, y se pellizcaban uno al otro... y… bueno, era desagradable. Una vez, casi llamo a la policía, quería decirles «No tengo por qué ver eso».

Pero esto es lo que descubrí acerca de ellos: Se amaban mutuamente y amaban la vida, y habían criado hijos y nietos, y les estaba yendo muy bien. Tenían un matrimonio grandioso que en muchas formas podía ser emulado. Pero nunca tendrían la unión espiritual de sus almas. Porque, aunque eran capaces de acercarse física, emocional e intelectualmente, nunca podrían conectarse en el nivel más profundo posible, a niveles espirituales, en los que el lavamiento de la novia por Cristo se hace visible en el matrimonio de los santos.

Eso establece toda la diferencia.

Aunque el matrimonio no es eterno, usted puede desperdiciar su matrimonio eternamente si este no está edificado en Cristo.

El matrimonio, propiamente entendido, es una comprensión de la gracia de Dios manifestada en la vida, la muerte y la resurrección de Jesucristo. Vemos este misterio del evangelio brillar en los destellos de la luz del antiguo pacto en el Cantar de los Cantares. Mi oración es que usted haya tenido los ojos para verlos.

Que seamos el pueblo que conoce y ama a Dios. Y que nuestro conocimiento y amor por Él nos dirijan al arrepentimiento, confesión y búsqueda constantes de relaciones sanas, vibrantes y fuertes. Que nos busquemos el uno al otro a menudo para la gloria de su nombre y para reflejar todavía más la belleza de esta persecución romántica de nosotros, el pueblo de su pacto.

En el amor, las citas, el cortejo, el matrimonio y el sexo, como en todas las cosas, *Cristo es todo.*

CONCLUSIÓN

El Cantar de los Cantares ha sido interpretado en una gran variedad de formas en los últimos milenios. Por un lado, se ha alegorizado desproporcionadamente, y por el otro, y se le ha convertido en el más contundente y práctico libro de texto.

La verdad de su relevancia no yace en ninguno de los dos extremos, sino en algún lugar del centro. En Cantares definitivamente aprendemos muchas cosas prácticas del romance, del matrimonio y del sexo. La Biblia es eminentemente práctica, incluso en su poesía. Aunque no podemos sobreespiritualizar Cantares, convirtiendo todo su contenido en un himno metafórico que no tiene ninguna semejanza a la visión del matrimonio verdadero, sí vemos que más allá de lo práctico, por encima de la historia, de lo terrenal de sus temas, definitivamente apunta en todas direcciones, alejándose de sí mismo, hacia aquel a quien se le deben todos los cantos de alabanza.

Entretejido en la complejidad de lo simbólico en Cantar de los Cantares está el más profundo de los misterios, tal como lo está en la complejidad del matrimonio en sí. Pablo lo expuso de esta forma tomando prestado del Antiguo Testamento: «Por esto dejará el hombre a su padre y a su madre, y se unirá a su mujer, y los dos serán una sola carne. Grande es este misterio; mas yo digo esto respecto de Cristo y de la iglesia» (Efesios 5:31-32).

Cualquiera que haya estado casado por una cantidad de tiempo sustancial puede confesar que el matrimonio muchas veces es un misterio. Realmente no sabemos lo que estamos haciendo. ¡Pero qué gran consuelo saber que Dios sí lo sabe! Él sabe exactamente lo que está haciendo.

Las cosas que nos sorprenden, que nos ponen como locos, que nos ponen en modo de emergencia, no lo perturban a Él en lo absoluto. El Dios trino nunca tiene una emergencia. Nunca se asusta, nunca se sorprende.

Entonces, mientras andamos a tientas en la oscuridad sosteniendo la mano de nuestro cónyuge, buscando la luz, la encontraremos no en los ojos del otro, no en el rugiente fuego de la dicha romántica, sino en el Salvador, quien nos ama y se dio a sí mismo por nosotros. Cuando podemos ver que el matrimonio se trata de algo más que el matrimonio (definitivamente más que del hombre y la mujer individualmente), y que se trata del amor profundo, sacrificial, eterno de Cristo por su novia, *veremos* real y verdaderamente.

Un día, nuestro matrimonio terminará, ya sea por la muerte o por el regreso del Señor. En cualquier caso, nuestro matrimonio no se hizo para la eternidad. Pero la santificación que el matrimonio llevará a nuestras almas, sí. Un día, todos seremos presentados ante nuestro Redentor, como una novia engalanada para su esposo. Entonces, cuando le veamos cara a cara, comprenderemos de qué se trata verdaderamente el matrimonio. Hasta entonces, disfrutaremos el misterio. Es un regalo sublime, una gracia profunda.

Sí, disfrutemos el misterio del matrimonio. Y demos toda la gloria a su hermoso Autor.

NOTAS

INTRODUCCIÓN

1. Gn. 1: 1.
2. Juan 10:10 NVI.
3. Gn. 2:18.
4. Cnt. 2:16.
5. Gn. 2:25.
6. Gn. 1:28.
7. Duane Garrett y Paul R. House, *Song of Songs/Lamentations*, vol. 23B de *Word Biblical Comentary*, ed. Bruce M. Metzger (Nashville, TN: Thomas Nelson, 2004), 25.
8. C. H. Spurgeon, *The Metropolitan Tabernacle Pulpit Sermons*, vol. 42 (Londres: Passmore & Alabaster, 1896), 285.

CAPÍTULO 1: ATRACCIÓN

1. *Psychology Dictionary Online*, s. v., "What Is Attraction?," http://psychologydictionary.org/attraction/.
2. Erica Reischer y Kathryn S. Koo, "El Cuerpo Hermoso: Simbolismo y Agencia en el mundo social," *Annual Review of Anthropology* 33 (2004): 297–317.
3. Ver Emily Peng, "History of What Society Viewed as Women Beauty," *SlideShare*, 18 de mayo de 2011, www.slideshare.net/emilypeng1/history-of-what-society-viewed -as-women-beauty-8005550.

4. Reischer y Koo, "The Body Beautiful", 298.
5. En aras de la claridad, aquí están las notas textuales específicas de net.bible.org [traducción libre del inglés] (https://net.bible.org/#!bible/Proverbs+31) perteneciente a este pasaje: "*Heb* 'a woman of valor.' Esta es la misma expresión utilizada para describir a Ruth (p. ej., Ruth 3:11). El término חַ (khayil) aquí significa 'con valores morales' (BDB 298 s. v.); cf. RV-1960 'La mujer virtuosa'. En otra parte se usa el término de valor físico en la batalla, por ejemplo, «varón esforzado y valiente», el aristocrático, propietario de tierras, que podía defender las necesidades de su pueblo en tiempos de paz o de guerra (p. ej., Jueces 6:12). Aquí el título indica que la mujer posee todas las virtudes, honor y fuerza para hacer las cosas que el poema declara."
6. Bill Hybels, *Who You Are When No One's Looking: Choosing Consistency, Resisting Compromise* (Downers Grove, IL: InterVarsity, 2010).
7. Anthony Gross, ed., *Lincoln's Own Stories* (Nueva York: Harper and Brothers, 1912), 109.
8. Tim Keller, post de Twitter, 22 de junio de 2014, 9:00 a.m., https://twitter.com/timkellernyc/status/ 480742216718352384.

CAPÍTULO 2: CITAS

1. Elizabeth L. Paul, Brian McManus, y Allison Hayes, "'Hookups': Characteristics and Correlates of College Students' Spontaneous and Anonymous Sexual Experiences," *The Journal of Sex Research* 37 (2000), 76.
2. Tracy A. Lambert, Arnold S. Kahn, y Kevin J. Apple, "Pluralistic Ignorance and Hooking Up," *The Journal of Sex Research* 40 (2003), 129–33.
3. Lambert, Kahn y Apple, "Pluralistic Ignorance," 129–33.
4. Tommy Nelson, *The Book of Romance: What Solomon Says about Love, Sex, and Intimacy* (Nashville, TN: Thomas Nelson, 1998), 42.

CAPÍTULO 3: EL CORTEJO: UNA IDEA ANTIGUA RENOVADA

1. Tommy Nelson, *The Book of Romance: What Solomon Says about Love, Sex, and Intimacy* (Nashville, TN: Thomas Nelson, 1998), 49.
2. Joshua Harris, *I Kissed Dating Goodbye* (Colorado Springs, CO: Multnomah, 2003), 188.
3. John Thomas, "What Role Do Parents Play in Courtship?," Boundless.org, 31 de julio de 2006, www.boundless.org/advice/2006/what-role-do-parents-play-in-courtship.

CAPÍTULO 5: «Y LOS DOS SERÁN UNA SOLA CARNE»

1. H. D. M. Spence-Jones, ed, *Song of Solomon* (Londres, Nueva York: Funk & Wagnalls, 1909), 93.
2. Gary y Betsy Ricucci, *Love That Lasts: Making a Magnificent Marriage* (Gaithersburg, MD: PDI Communications, 1993), 159.
3. C. S. Lewis, *The Screwtape Letters* (Nueva York: Macmillan, 1951), 102.
4. Gary Thomas, *Sacred Marriage: What If God Designed Marriage to Make Us Holy More Than to Make Us Happy* (Grand Rapids, MI: Zondervan, 2000), 226.
5. Shaunti Feldhahn, *For Women Only: What You Need to Know about the Inner Lives of Men* (Hermanas, OR: Multnomah, 2004), 93.
6. Feldhahn, *For Women Only*, 93–94.

CAPÍTULO 6: PELEA LIMPIA

1. Los diez "nevers" de la comunicación fueron adaptados de Tommy Nelson, *The Book of Romance: What Solomon Says about Love, Sex, and Intimacy* (Nashville, TN: Thomas Nelson, 1998), 135–38.
2. Lore Ferguson, "Some Observations on Tone of Voice", *Sayable*, 16 de junio de 2014, http://sayable.net/2014/06/some-observations-on-tone-of-voice/.

3. Paul David Tripp, *What Did You Expect? Redeeming the Realities of Marriage* (Wheaton, IL: Crossway, 2010), 120.

CAPÍTULO 7: LEÑOS EN EL FUEGO

1. Gary Thomas, *Sacred Marriage: What If God Designed Marriage to Make Us Holy More Than to Make Us Happy* (Grand Rapids, MI: Zondervan, 2000), 101.
2. Shirley Rice, *Physical Unity in Marriage: A Woman's View* (Norfolk, VA: The Tabernacle Church of Norfolk, 1973), 3–4.

CAPÍTULO 8: NO ME VOY A NINGÚN LADO

1. Ver 1 Cor. 7:10-13.